HUNDERTWASSER

für Grundschulkinder

Ideen für den Kunstunterricht

Ela Madreiter

Verlag an der Ruhr

IMPRESSUM

Titel
Hundertwasser für Grundschulkinder
Ideen für den Kunstunterricht

Autorin
Ela Madreiter

Umschlagmotiv/Fotos im Innenteil
(wenn nicht anders angegeben) Ela Madreiter,
Aquarell © Bipsun – Shutterstock.vom

Druck
AZ Druck und Datentechnik GmbH, Kempten, DE

Verlag an der Ruhr
Mülheim an der Ruhr
www.verlagruhr.de

Geeignet für die Klassen 1–4

ISBN 978-3-8346-6063-3

INHALTSVERZEICHNIS

VORWORT

Hundertwasser (1928–2000) fasziniert bis heute als Vordenker, der konsequent seine Überlegungen im Alltag lebte. Seine Begeisterung für ein autarkes, naturnahes Leben könnte eine Antwort auch auf aktuelle, brennende Fragen sein. Er war ein Pionier des menschengerechten Wohnens, ein Botschafter der Natur-Rückkehr in das Von-Menschen-Gemachte, ein Befürworter des Individuellen. Er war ein Aktionist und Künstler, dem seine Zeit und Umwelt nicht gleichgültig waren.

Diese Sammlung von zwölf Projekten und Projektvariationen rund um den beliebten Künstler versucht, die Frische seiner Gedanken nicht nur 1 : 1 umzusetzen, sondern auch neu zu interpretieren. Erstaunlich, wie aktuell, visionär und anregend Hundertwassers Postulate bis heute sind.
Bilder, Entwürfe und dreidimensionale Szenen, verknüpft mit kindgerechten und abwechslungsreichen Techniken, lassen sich mit aktuellen Themen fächerübergreifend in den Schulalltag einbinden.

Wie die Spirale, Hundertwassers beliebtestes Motiv, können auch wir nicht mehr zum selben Punkt zurückkommen. Erfahrungen der vergangenen Generationen tragen die Kinder weiter. Vielleicht begleitet sie diese Projekt-Auswahl auf dem gemeinsamen „großen Weg" [1] in eine hoffnungsvolle Zukunft?

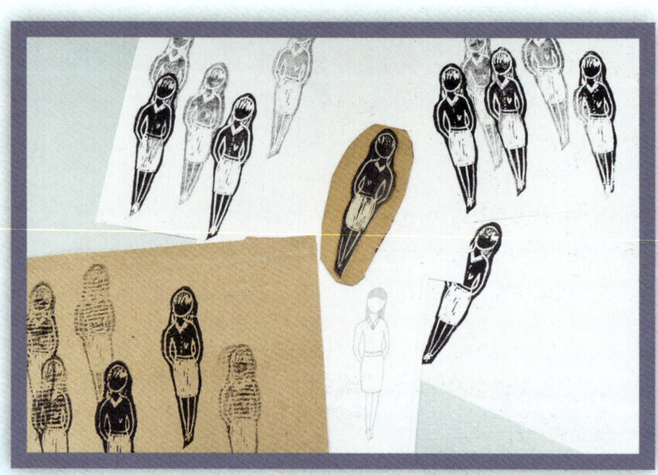

Inspiration

Die Einführungsphase ist der Grundstein eines gelungenen Kunst-Projektes. In meinem Atelier habe ich einen gemütlichen Bereich als „Mini-Kino" eingerichtet, wo Kinder das Bildmaterial entspannt großformatig ansehen und analysieren können.
Ich bereite zu jedem Projekt eine einfache Video-Präsentation vor, mit der ich wichtige Inhalte überzeugend vermitteln und betonen kann.
Alle in diesem Buch vorgeschlagenen Abbildungen der Werke Hundertwassers und seine Fotos sind auf der Webseite www.hundertwasser.com der **„Hundertwasser Gemeinnützige Privatstiftung"** zu finden.

Zusätzlich zum umfangreichen Lebenswerk des Künstlers erwähne ich auch kindergerechte Inspirationsquellen, wie Filme, Videos, Bücher, die das gleiche Thema aus einem anderen Blickwinkel betrachten, interpretieren und erweitern.

[1] „Der große Weg" – bekanntes Spiralen-Kunstwerk von 1955

VORWORT

Die Vielfalt an Zugängen macht neugierig, regt zu Diskussionen und dem eigenen Ausdruck an. Als Zeichenvorlage dienen echte Objekte, aber auch Fotokopien. Ungefähr im Alter von acht Jahren beginnt das Interesse von Kindern an genauerer Darstellung, an präziser Detailwiedergabe. Die Ausdauer beim Ausarbeiten der Projekte steigt. Dieses Bedürfnis soll daher mit Zeichenvorlagen unterstützt werden.

Die Werke Hundertwassers, so fantasievoll und verträumt sie auch wirken, waren das Ergebnis seiner genauen Beobachtungen, Reiseerlebnisse und Überlegungen. Der Vorbereitungsaufwand wird mit überzeugenden und individuellen Kinder-Kunstwerken belohnt.

Zeitbedarf

Der geschätzte Zeitbedarf bezieht sich lediglich auf die gestalterische Phase des Projektes – ohne Inspiration/Einstimmung/Vorbereitung und Präsentation der Werke. Die meisten Projekte lassen sich in zwei Einheiten à 45 Minuten umsetzen.

Material

Bis auf ein paar wenige Ausnahmen (z. B. Kohlepapier, Gelstifte) besteht die Materialliste aus der üblichen Ausstattung zur bildnerischen Erziehung. Bei Acryl- oder Temperafarben empfehle ich die Grundfarben in großen Flaschen. Damit wird das Material effizient/nach Bedarf genutzt und nebenbei die Farblehre erlernt und angewendet. Kinder haben eine große Freude am Mischen der eigenen, individuellen Farbtöne.
Umweltfreundlicher Umgang mit Materialien bedeutet auch, aus Haushalts- und Abfallprodukten zu schöpfen. Die Verwendung von Schachteln, Pack- und Zeitungspapier oder alten, bunten Arbeitsproben kann nicht nur die Kosten verringern, sondern auch den umsichtigen Zugang zum Konsumverhalten fördern.

Bei meinen Hundertwasser-Projekten sind Naturmaterialien ein wichtiger Bestandteil. Ein gemeinsamer Spaziergang im Park oder die Arbeit im Schulgarten geben einen guten Anlass, das benötigte Material zu sammeln: Zweige, getrocknete Stauden, Herbstblätter, Rinde, Zapfen ... So inspiriert sich auch ein weniger kunstaffines Kind ganz natürlich zum Weitergestalten.

Die Kombination aus Kunst- und Naturmaterial betont die Botschaft Hundertwassers und sensibilisiert Kinder für die Notwendigkeit der Naturwiederkehr im menschlichen Schaffen. Das Beobachten der Veränderung der natürlichen Materialien (z. B. trocknen, schrumpfen, verfärben) und der Vergleich der Stabilität z. B. einer künstlich erzeugten Farbe veranschaulicht auch das Thema der Nachhaltigkeit.

Altersstufe

Alle im vorliegenden Buch präsentierten Projekte sind Werke und Erfahrungen der 7- bis 13-jährigen Schüler*innen meines Kinderateliers. Das Thema „Hundertwasser" brachte ich allerdings auch schon 5-jährigen Kindern in meinem Workshop „Zwiebelturm" näher. Die Wahl eines kleineren Formates und etwas Hilfe beim Ausschneiden kann jüngere Schüler*innen beim Arbeiten und in ihrer Ausdauer unterstützen.

Weitergestalten und Variationen

Zum Vertiefen eines Themas, z. B. als Übung für zu Hause oder als Vorschlag für eine kurze Kunststunde, dienen ergänzende Ideen mit Werkbeispielen. Die Arbeiten stammen aus den Künstlertagebüchern meiner Atelier-Schüler*innen, die selbstständig zu Hause und ohne meine Begleitung ausgeführt wurden.

Musikbegleitung

Passende Musik ist ein bewährter Hintergrund beim Gestalten. Die hier von mir vorgeschlagenen Musikstücke (als Lieder oder instrumentale Werke) sind auf das jeweilige Thema abgestimmt. Manchmal sind auch mit der Musik verknüpfte, im Internet vorhandene Videos eine zusätzliche Inspirationsquelle.

Danksagung

An den Verlag an der Ruhr für den Vorschlag, Kindern Hundertwasser auf eine etwas andere Art näherzubringen, an alle meine geduldigen und talentierten ES KLAPPT Atelier-Nachwuchskünstler*innen und ihre Familien für das Ausprobieren meiner Ideen, an meinen Mann, der mich gelassen und mit Humor auch bei diesem Projekt unterstützte.
Allen Lehrkräften und Kindern wünsche ich viel Freude und mutige Einfälle beim Gestalten!

*Ela Madreiter**

Der Verlag an der Ruhr legt großen Wert auf eine geschlechtergerechte und inklusive Sprache. Daher nutzen wir das Gendersternchen, um sowohl männliche und weibliche als auch nichtbinäre Geschlechtsidentitäten einzuschließen. Alternativ verwenden wir neutrale Formulierungen. In Texten für Schüler*innen finden sich aus didaktischen Gründen neutrale Begriffe bzw. Doppelformen.

* *Weitere Publikation der Autorin im Verlag an der Ruhr:*
Kreative 3D-Kunst – Mit kindgerechten Projekten das räumliche Wahrnehmungsvermögen trainieren, 2020.
ISBN 978-3-8346-4279-0

HUNDERTWASSER – STECKBRIEF

© Votava_MM – AKG-Images

Name: Friedrich Stowasser

Künstlername: Friedensreich Hundertwasser

Geboren: am 15. Dezember 1928 in Wien

Gestorben: am 19. Februar 2000 auf dem Schiff „Queen Elizabeth 2"

Wo hat er gelebt?

Er lebte in Europa (Wien, Niederösterreich, Paris, Normandie, Hamburg, Venedig) und Neuseeland (Bay of Islands).

Woher kommt der Name „Hundertwasser"?

Er hieß eigentlich Stowasser. Seine Eltern stammten aus Tschechien. „Sto" bedeutet in slawischen Sprachen „hundert".

Was war an seinem Leben besonders?

Er war ein vielseitiger Künstler (Maler, Zeichner, Architekt) und Umweltschützer. Er reiste oft und beherrschte viele Sprachen.

Wofür ist er bekannt?

Hundertwasser band die Natur in seine bunten, fantasievollen Bauwerke ein. Er schuf Kunst, die den Alltag glücklicher macht.

Wofür setzte er sich ein?

Die Wiederkehr der Natur in das menschliche Leben, Kreativität und Frieden.

GALERIE

ab S. 11

ab S. 19

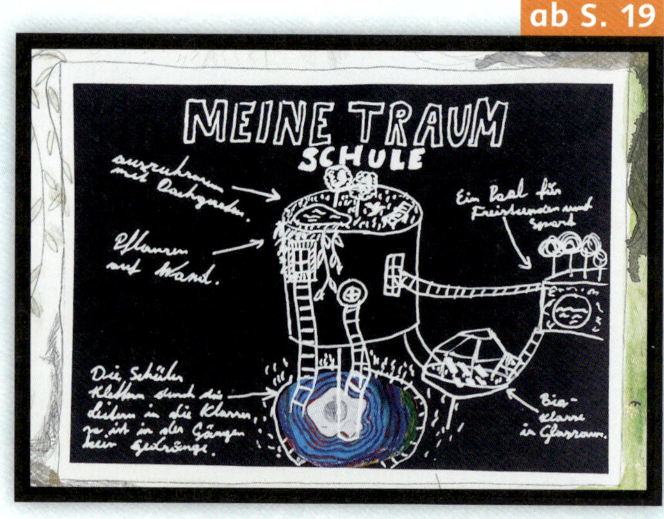

ab S. 25

ab S. 31

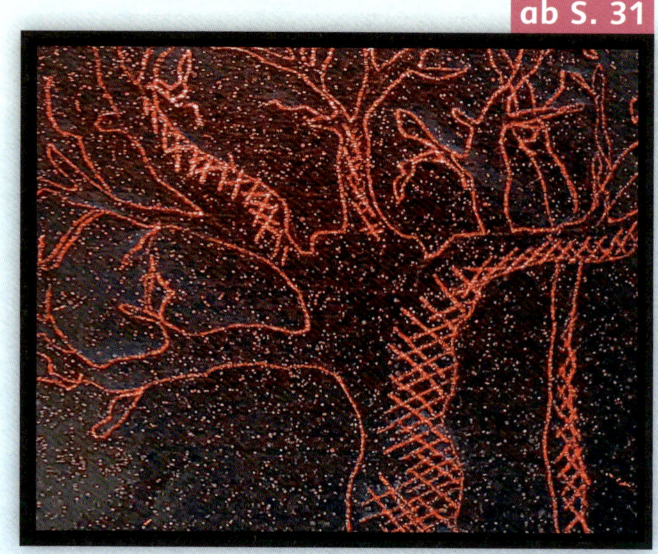

ab S. 37

ab S. 45

ab S. 53

ab S. 61

ab S. 67

ab S. 73

ab S. 79

ab S. 89

1. IMMER WIEDER

Gedanken-Spirale

Am Anfang war ...? Und was wird danach, wenn es uns nicht mehr gibt? Wir stellen uns manchmal genau wie Hundertwasser solch schwierige Fragen. Wenn wir vor dem menschengroßen, in leuchtenden Farben gemalten Bild „Der große Weg" stehen, bekommen wir eine hoffnungsvolle Antwort. Die Spirale war für Hundertwasser ein Symbol des ewigen Lebenskreises. Er malte sie immer wieder und jedes Mal ganz anders. Auch wenn die Linie in der Mitte der Leinwand beginnt, losgeht, sich verändert, schlendert, den Weg sucht, um schließlich am Bildrand zu enden, spüren wir, dass es doch kein Ende ist – dass die Geschichte weitergeht, auch wenn wir das nicht mehr sehen können. Diese hoffnungsvolle Idee ist der Hafen, in dem unsere Reise mit Hundertwasser beginnt. Nimm dir etwas zum Zeichnen und gewinne ein wenig Abstand zu all den trüben Gedanken. Sei neugierig, wohin dieser einzigartige, bunte Weg dich führt ...

Zeitbedarf

1–2 Unterrichtsstunden

Kompetenzen

- eine Selbstdarstellung aus ungewohnter Perspektive wagen und dabei die eigene Körperhaltung sowie charakteristische Merkmale wiedergeben
- eine Spiralenform darstellen und von der konzentrischen Form unterscheiden
- die Bedeutung einer Spirale untersuchen (den Beginn, den Weg, die Wiederholung, die Veränderung, das Ende, die Unendlichkeit)
- mit einer schlanken Farbpalette (Grundfarben) arbeiten und eigene Farbmischungen erproben
- Zufälle und Fehler als Überraschung und Einladung zum Weitergestalten sehen
- ölhaltige Farben und Wasserfarben kombinieren sowie ihre wechselweisen Eigenschaften ausloten (Abperlen, Sgraffito)
- die Intensität der Farbkomposition mit schwarzem Hintergrund steigern

Material

- Zeichenvorlage: Fotos von Kindern beim Schreiben und Zeichnen aus der Vogel-Perspektive (S. 17)
- Spiegel
- festeres, weißes Malpapier (mind. 160 g/m²), DIN A4
- Bleistift
- Radiergummi
- Wachs- oder Ölkreiden
- dickflüssige Wasserfarben (z. B. malfertige Tempera) in drei Grundtönen (gelb, rot, blau), evtl. noch weiß, schwarz und gold
- Flachpinsel, div. Größen
- Wasserbehälter
- Kratzwerkzeuge (z. B. Zahnstocher, Schaber aus Kartonresten)
- schwarzes Papier, DIN A3, als Hintergrund
- Schere
- Klebstoff

1. IMMER WIEDER

Gedanken-Spirale

Inspiration

- **Werke:** diverse Spiralen-Bilder wie „Der große Weg" (1955), „Spirale mit Neufferköpfen" (1962), „La barca – Regentag" (1969), Waldspirale von Darmstadt, Glasfenster St. Barbara Kirche in Bärnbach
- **Diskussion:** Anfang der Welt laut Wissenschaft, Anfang der Welt laut Religion, Zukunftsfragen (z. B. Greta Thunberg)

Arbeitsablauf

1. **Vorbereitung:** Diskutiere mit den anderen Kindern über die Spiralenform:
   Wo findest du die Spirale in der Natur?
   Was kann sie bedeuten?
   Erkläre am Beispiel des Jahreskreises, was sich wiederholt und was sich verändert. Diskutiere auch darüber, ob es leicht ist, eigene Ideen umzusetzen, und was uns manchmal daran hindert.
2. **Zeichenvorbereitung:** Betrachte die Abbildungen mit den schreibenden und zeichnenden Kindern aus der Vogel-Perspektive. Beobachte dann die Kinder neben dir aus der Vogel-Perspektive, indem du dich hinter sie – und vielleicht auch auf einen Stuhl – stellst.
   Was siehst du, was kannst du nicht sehen und was nur teilweise?
   Wie liegen die Hände der Kinder?
   Damit du dich selbst aus dieser Perspektive malen kannst, überlege:
   Was ist besonders an dir?
   Wie sind deine Frisur, deine Nase und deine Handhaltung?
   Und was kannst du, von oben betrachtet, nicht sehen?

> **TIPP**
> Ein Blick in den Spiegel kann dir dabei helfen.

3. **Bleistift-Selbstbildnis:** Zeichne ungefähr in der Mitte des Papierblattes mit dem Bleistift zuerst einen zarten Kreis. Berühre deinen Kopf: Ist er rund oder eher oval? Korrigiere die Kreisskizze anhand der gefühlten Kopfform. Ergänze die Frisur (z. B. Scheitel, Haarlänge). Für mehr Dreidimensionalität kannst du die Kopfform mit Schattierungen ergänzen. Zeichne auch die Nasenspitze, „geknickte" Hände (Oberarm, Ellbogen, Unterarm) und in einer Hand ein Zeichen- oder Malwerkzeug. Deute die Rückenlinie als Verbindung der Oberarme an.

4. Zeichne mit den Wachskreiden um dein Selbstbildnis ganz frei und locker zwei bis drei konzentrische Linien herum und male die so entstandenen Bereiche mit den Kreiden aus.
5. Beginne mit der Wasserfarbe die Spirale in der Nähe der gezeichneten Malwerkzeugspitze um dein Porträt herum („Gedanken-Anfang") und ziehe sie so weit, wie die Farbe reicht. Danach nimm entweder etwas Wasser auf die Pinselspitze auf und setze die Linie verdünnter fort oder wechsle den Farbton und male weiter. Setze den Vorgang bis zum Papierrand fort. Anschließend oder zwischen den einzelnen Teilen der Spiralengestaltung kann die noch frische Farbe mit Kratzwerkzeugen weggeschabt oder weggekratzt werden. Die Kratzspur kann sowohl parallel als auch unabhängig von der Linienführung erfolgen. Auch deine Werksignatur oder ein kurzer Text können auf diese Weise gestaltet sein. Manchmal perlt die Wasserfarbe von der fettigen Wachs-/Ölschicht ab, manchmal deckt sie sie vollständig zu. Freue dich über die zufälligen Ergebnisse.
6. Sollten auf dem Papierblatt unbemalte – meist Eckbereiche – verbleiben, kannst du sie wegschneiden. Meide scharfkantige Umrisse – Hundertwasser mochte gerade Linien nicht. Klebe anschließend die Arbeit auf ein übergroßes, schwarzes Papierblatt.
7. Fotografiere dein Werk und drucke mehrere kleine Kopien davon aus (ca. 3 x 5 cm). Dein Motiv wird immer wieder in weiteren Projekten verwendet, aber jedes Mal anders.

Musikbegleitung

Gisbert zu Knyphausen „Immer muss ich alles sollen"
Lukas Graham „7 years"
J. S. Bach „Präludium C-Dur"
Jerry Bock/Sheldon Harrnick „Sunrise, Sunset" aus „Fiddler on the Roof"

TIPPS

- „Luftzeichnen“: Um eine Form (z. B. eine Spirale) richtig nachzuahmen, kannst du vorab die Umrisse der Form mit dem Finger in der Luft nachziehen. Eine Spirale beginnst du einfach in der Mitte und gehst weiter nach außen, soweit die Hand reicht. Das ist auch eine gute Gymnastik.
- Beginne eine Bleistiftzeichnung zart, dann kannst du später die Linienführung leichter ausbessern oder ausradieren. Erst wenn du mit dem Ergebnis zufrieden bist, zeichnest du die Linien kräftiger nach.
- Bei der Anwendung von Wachsmalkreiden ist der Papieruntergrund nicht immer vollständig mit Farbe benetzt. Das ergibt beim weiteren Übermalen oder Auskratzen etwas blassere Effekte, da sich die Wasserfarbe mit dem weißen Papier verbindet. Wenn du mit klarem Wachs (z. B. Kerzenstumpf) kräftig über die Wachsmalkreiden-Schicht malst, werden die Farben intensiver wirken und das spätere Auskratzen leichter (da das Papier benetzt ist).
- Die Wasserfarbe und die darunterliegende Wachsmalschicht sollen am besten mit deutlichem Kontrast ausgeführt sein (z. B. hell-dunkel oder warm-kalt).

Variation „Spiralen-Tagebuch“

Schreibe in die Mitte des Papierblattes das Wort „heute“ (oder klebe es als gedruckten Textbalken auf) und schreibe täglich über eine bestimmte Zeit (hier: 14 Tage lang) einen kurzen Satz über ein positives Ereignis des Tages. Beim Wort „heute“ beginnend, führe den Spiralen-Text nach außen weiter. Es muss nichts Aufregendes sein – nur ein schöner Moment. Die einzelnen Sätze können mit unterschiedlichen Farben und/oder Mal-/Zeichenutensilien gestaltet werden und mit kleinen Zeichnungen oder Zeitungsausschnitten verfeinert werden. Vergiss nicht das Datum und die deutlich ausgemalten Trennpunkte zwischen den Sätzen – so wie Hundertwasser es bei vielen Texten gemacht hat, z. B. in der Beschreibung der „Humustoilette“ (1980).

1. IMMER WIEDER

Gedanken-Spirale

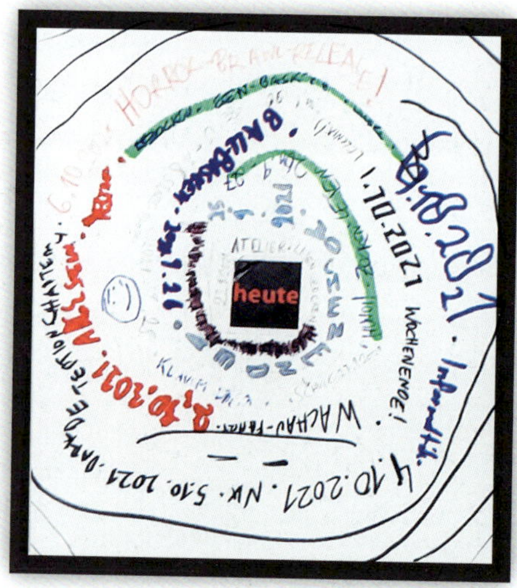

Zeichenvorlagen

MEINE
TRAUM
Lilli
Natur und Schule in einem
NATUR & Schule
In einem

2. TRAUM-SCHULE

Ein Entwurf

„Recht auf Träume" – so heißt ein Bild von Hundertwasser aus dem Jahr 1983 und auch sein Postulat dazu. Dieses so selbstverständliche Recht wird insbesondere Kindern zugeschrieben, so wie auch die unbefangene Fantasie und Kreativität. Aber wie sieht das Recht auf Träume eigentlich tatsächlich aus? Du hast doch viele Pflichten, Aufgaben, Termine, Regeln – zu Hause als auch in der Schule. Es gibt bestimmt Tage, an denen du einiges anders haben möchtest: Vielleicht mehr Freiräume, eine längere Pause, mehr Farben um dich herum oder mehr Zeit für deine Interessen? Wie würde deine Traum-Schule aussehen, wenn du eine gründen könntest? Wie würdest du Lernen und Spielen verbinden?

Zeichne und schreibe es auf.

Zeitbedarf

1–2 Unterrichtsstunden

Kompetenzen

- eine Idee überzeugend, leserlich und kompakt darstellen: die wichtigsten Konzept-Merkmale betonen, ein charakteristisches Detail genauer präsentieren, Text und Bild ausgewogen verbinden
- Natur als Teil des Konzeptes einbinden
- Fantasie und Machbarkeit verbinden, Funktion mit Form verknüpfen
- Farbflächen und lineare Zeichnung/Text zu einer schlüssigen Komposition verbinden (Anordnung der Farbbereiche, Texte, Überschrift)
- originelle/auffällige Gestaltung wagen, um die Aufmerksamkeit des*der Betrachtenden zu wecken, Wahrnehmung testen und die Erfahrungen für die weiteren Entwürfe/Präsentationen anwenden)
- ein Element verfremden, in einem neuen Kontext einsetzen (z. B. die Spiralen-Arbeit) und/oder weiterdenken (Spirale als Symbol der Kontinuität)

Material

- schwarzes Tonpapier, ca. DIN A5
- weißer Gelstift oder Buntstift/Kreidestift
- evtl. Aquarellstifte
- festeres, weißes Malpapier (mind. 160 g/m²), zwischen DIN A4 und DIN A3
- Bleistift
- schwarzer Fineliner
- Radiergummi
- Pinsel
- Wasserbehälter
- Kopie der Spiralen-Arbeit aus dem Projekt „IMMER WIEDER – Gedanken-Spirale" (mind. 3 x 5 cm)
- Schere
- Klebstoff

2. TRAUM-SCHULE

Ein Entwurf

Inspiration

- Das **Luther-Melanchthon-Gymnasium in Wittenberg** war ursprünglich ein trostloser Plattenbau, dem Hundertwasser mit bunten Fassaden, Kuppeln, Säulen und Dachbegrünung ein ganz neues Leben einhauchte. Hundertwasser entwickelte die Umgestaltungsidee ehrenamtlich und bot zusätzlich als Unterstützung der Umbaukosten Kunstdrucke seines Plakats „Baustein für das Martin-Luther-Gymnasium Wittenberg" (1996) zum Verkauf an.
- Im **Kids Plaza Osaka** in Japan schuf Hundertwasser ein Museum für Kinder, einen fantasievollen Ort jenseits des sterilen Lebensstils der Großstadt. Kern der für Spiel und Experimente konzipierten Anlage ist ein gewendelter Turm mit bunten Brücken und Fenstern.
- Hundertwasser legte viel Wert auf die ästhetische Darstellung seiner Ideen. Selbst seine Texte, verflochten mit Zeichnungen, Skizzen, Symbolen und hervorgehoben mit passender Untermalung oder Hintergrund, sehen wie Kunstwerke aus. Betrachte z. B. seinen Entwurf für eine „Humustoilette" (1980), seine Architektur- oder Städtebauskizzen (z. B. „Zeichnung der grünen Autobahn" (1974), „Baummieter" (1976)) und seine Plakate (z. B. Umweltthemen, Frieden).

Arbeitsablauf

1. **Vorbereitung:** Diskutiere über verschiedene Schulmodelle und Schulsysteme:
   Was gefällt dir besonders an deiner Schule?
   Was hättest du gerne anders?
   Sieh dir unterschiedliche Schulgebäude (z. B. in Büchern und Filmen, in deiner Nachbarschaft oder Stadt) an – sowohl aus der Vergangenheit als auch von heute.
   Vergleiche sie mit deiner Schule:
   Welche baulichen Änderungen wären notwendig, um deinen Wunsch zu erfüllen?

Zwei Vorschläge zum Start:

- *Stelle dir eine vollkommen neue Schule vor, in der du all deine Ideen umsetzen darfst.*
- *Verändere deine jetzige Schule so, dass sie für dich optimal ist.*

2. Zeichne mit dem weißen Gelstift auf dem schwarzen Papier deinen allerersten (und somit prägendsten) Gedanken zu deiner Schule und ergänze deine Darstellung mit kurzen Texten (z. B. wie etwas funktioniert, aus welchem Material es gebaut ist). Male eventuell wichtige Details mit Aquarellstiften aus.

3. Lege deine Skizze auf das weiße DIN-A4-Blatt. *Was ist noch wichtig in deinem Konzept (z. B. die Umgebung, ein besonderer Raum oder eine Tätigkeit)?*
   Trage mit dem Bleistift die Grenzen der Text- und Bildfelder auf dem weißen DIN-A4-Blatt ein und überlege dir eine passende Überschrift. Skizziere zuerst mit dem Bleistift, dann mit dem Fineliner. Radiere die Bleistiftspuren aus und koloriere eventuell die wichtigen Details mit den Aquarellstiften (sowohl in Trocken- als auch Nass-Technik). Ergänze das Bild eventuell noch um dein Spiralen-Werk (oder verwende Teile davon).
   Achte darauf, dass auch der Text eine wichtige Komponente eines Entwurfes ist: Führe ihn sorgfältig und leserlich aus, nach Möglichkeit auch auffällig, damit du die Betrachtenden auf dein Projekt aufmerksam machst.

4. **Präsentation:** Lege deinen fertigen Entwurf gemeinsam mit dem der anderen Kinder auf den Boden oder hänge ihn an der Wand auf. Prüfe aus der Entfernung:
   Welche Arbeit ist zuerst wahrnehmbar und warum?
   Tritt etwas näher heran und vergleiche die Inhalte.
   Welche Arbeit ist sowohl inhaltlich als auch gestalterisch besonders gelungen?
   Was kommt trotz der tollen Idee nicht so gut zur Geltung?
   Was ist lediglich schön anzusehen, aber nicht spannend?
   Sammle diese Erfahrungen für den nächsten Entwurf.

Musikbegleitung

Gisbert zu Knyphausen „Immer muss ich alles sollen"
Pink Floyd „Another Brick in the Wall"
„Ich hab 'nen Traum" aus *„Rapunzel"/Disney 2010*

2. TRAUM-SCHULE

Ein Entwurf

TIPPS

- Das schwarze Papierfeld kann zugeschnitten werden, gerne mit Abrundungen – Hundertwasser mochte die gerade Linie nicht.
- Falls keine weißen Gelstifte vorhanden sind, können die Texte auch zuerst auf dem weißen Papier geschrieben, fotografiert und mittels Umkehrfunktion eines grafischen Programms als Textfelder/Balken gedruckt werden.
- Ein Entwurf ist die Erläuterung eines Konzeptes und soll immer wieder geübt werden. In der von Bildern und Ideen überfluteten Welt ist es relevant, inhaltlich und gestalterisch wirksam aufzufallen.

Variation „Mein Traum-Schulweg“

Entwirf einen spannenden, originellen Schulweg. Kombiniere dazu die Zeichnung mit einem schön geschriebenen Text, Zeitungsausschnitte und/oder alten Arbeitsproben.

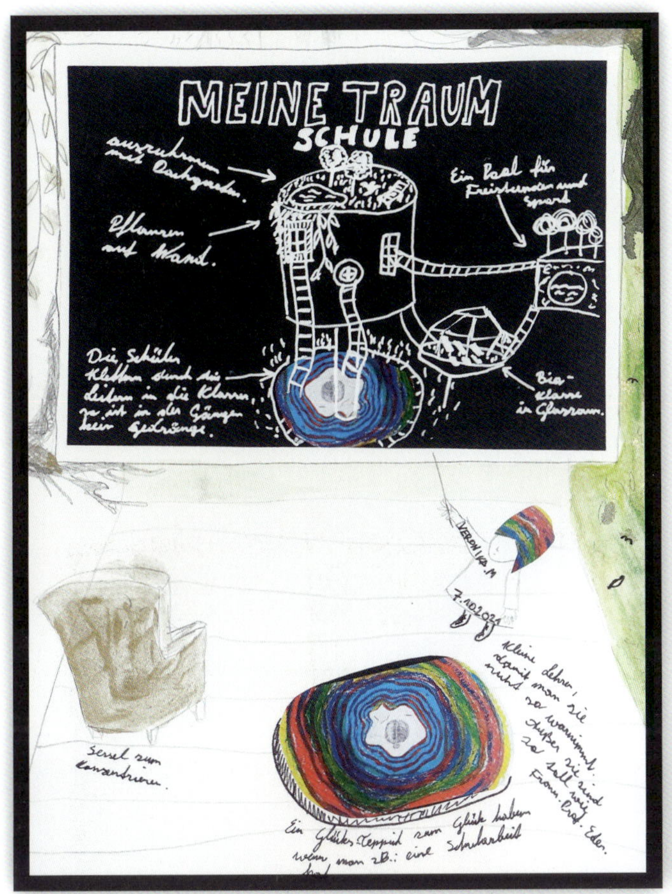
MEINE TRAUM
SCHULE

MEINE TRAUM
SCHULE

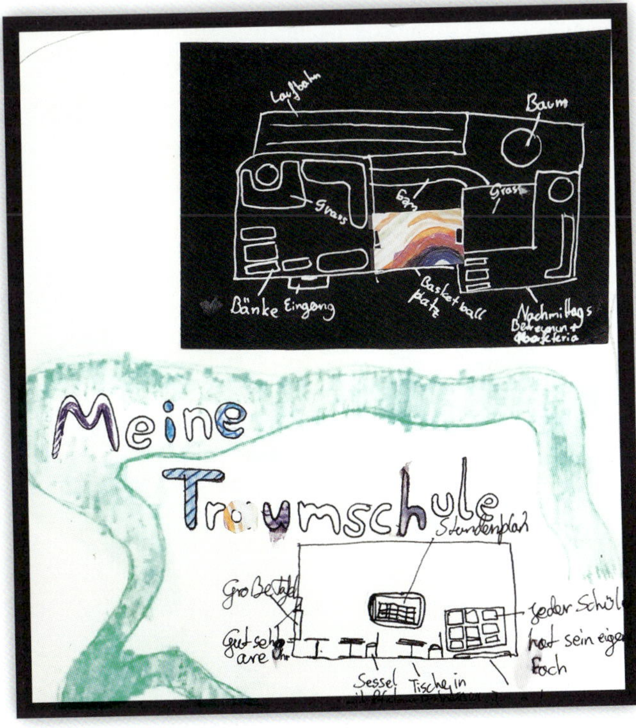
Baum
Bänke Eingang
Meine
Traumschule

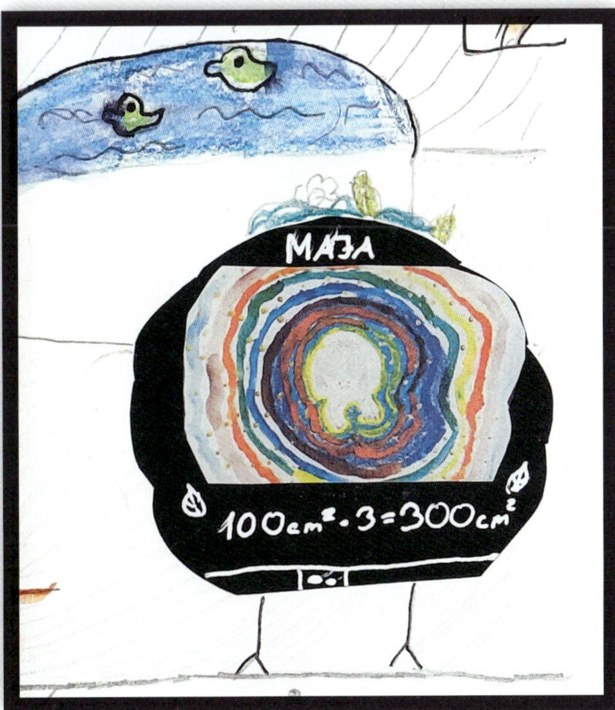
MAJA
100cm²·3=300cm²

3. REFORM DER UNI.FORM

Drucken-Variation

Alles in der Natur ist einzigartig. Schon selbst der Gedanke, dass es keine zwei gleichen Landschaften, Bäume, Vögel oder Menschen gibt, ist erstaunlich. Nur die technischen, maschinellen Erzeugnisse können kopiert sein. Hundertwasser mochte weder gerade Linien noch, damit verwandt, gleiche Häuser mit gleichen Fenstern. Er mochte auch keine Uniformen und Modezwänge, die den Menschen das Individuelle und Einzigartige rauben. Der Künstler entwarf oder nähte sich sogar sein eigenes Gewand, bastelte Schuhe, trug gerne zwei unterschiedliche Socken und auffallende Kopfbedeckungen. Er war der Meinung, dass auch ein Gewand, als unsere zweite Haut, das Besondere an uns hervorheben soll.
Probiere es einmal selbst: Entwirf eine neue Schuluniform mit der Drucktechnik.

Zeitbedarf

2 Unterrichtsstunden

Kompetenzen

- Vor- und Nachteile der Vervielfältigung gestalterisch ausloten (Drucktechnik anwenden, Unterschiede zwischen einzelnen Druckergebnissen erkennen)
- Hochdruck-Technik kennenlernen
- das Motiv variieren (Bekleidungsvarianten zur Betonung der Individualität ausarbeiten, interessante Schulkleidung entwerfen)
- eine Komposition aus sich mehrfach wiederholendem Motiv gestalten
- umweltbewusst arbeiten (Zeitungspapier als Druckunterlage und Collagematerial nutzen)

Material

- Zeichenvorlage: Fotos von Schüler*innen in Uniformen (S. 29)
- Linolplatte, ca. DIN A6
- Linolschnitt-Werkzeug
- evtl. Handschutz
- Bleistift
- Kugelschreiber
- Cutter
- Zeitungspapier
- Linoldruckfarbe, ersatzweise malfertige Tempera oder Acrylfarbe, schwarz
- Linoldruckwalze
- Linoldruckplatte (z. B. alte Fliese, Glas- oder Metallplatte)
- Papier zum Drucken, DIN A4
- Esslöffel
- evtl. Wassersprühflasche
- evtl. Waschlappen zum Händereinigen

Alternative mit Moosgummi:

- Moosgummiplatten
- Kugelschreiber oder harter Bleistift (H+)
- Schere
- Klebstoff
- Pappe

3. REFORM DER UNI.FORM

Drucken-Variation

Inspiration

- **Fotos des Künstlers** z. B. mit zwei verschiedenen Socken, im Anzug für das Modemagazin „Vogue" („Entwurf eines Anzugs und Essay über die Mode für Vogue" (1982))
- **Werke:** „Die zweite Haut" (1983), „Hüte tragen" (1982), „Ich besitze bereits einige tschechische Kenntnisse" (1966)

Arbeitsablauf

1. **Vorbereitung:** Sieh dir Abbildungen von Kindern in Schuluniform an. Diskutiere über Vorteile und Nachteile einer Uniform.
2. **Linolschnitt:** Zeichne mit dem Bleistift einen Menschenkörper auf die Linolplatte (im Hochformat) und ergänze ganz grob die Kleidungsstücke. Ziehe dann die Linien mit dem Kugelschreiber nach und schnitze mit dem Linolschnitt-Werkzeug entlang der Konturen und auch in den Zwischenräumen. Alles, was in der Linolplatte dadurch tiefer liegt, wird später unbedruckt bleiben. Die verbleibenden, nicht weggeschnittenen Oberflächen werden schwarz. Achte auch bei eingefügten Zeichen oder Symbolen auf die Negativmuster-Wirkung. Manche von ihnen haben keine vertikale Symmetrieachse und müssen deshalb spiegelverkehrt in der Platte ausgeschnitten werden. Prüfe mit dem Finger, ob die Vertiefungen in der Platte sorgfältig ausgeführt sind. Schneide mit dem Cutter die Figur aus und lasse dabei ca. 1-2 mm Abstand zum Umriss. Es ist empfehlenswert, die Linolfigur zusätzlich mit einem übergroßen Pappstück auf der Rückseite zu verstärken. Der so entstandene Stempel ist leichter zu bedienen (zu halten/abzuheben). Am besten schneide noch die aufgeklebte Pappe mit ca. 5 mm Abstand zur Linolform zu.
3. **Drucken:** Lege Zeitungspapier zum Schutz auf der Arbeitsplatte aus. Walze die Linolfarbe auf der Druckplatte so, dass die ganze Walze gleichmäßig mit Farbe benetzt ist. Führe die Walze über deine Linolschnitt-Figur. Lege anschließend

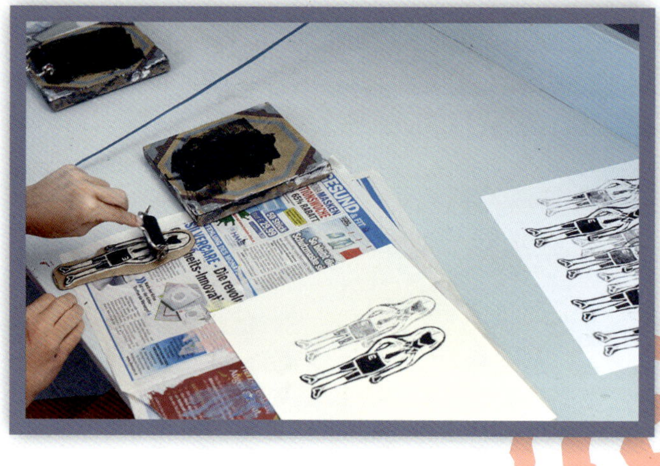

die Linolschnitt-Figur auf das Druckpapier und presse mit deiner Hand darauf. Reibe noch einmal vorsichtig mit dem Esslöffel über das Motiv. Ziehe es ab und lege die Linolschnitt-Figur auf die Seite oder wage noch einen Abdruck, ohne erneut Farbe aufzutragen. Es entsteht ein wesentlich blasserer Abdruck, der gezielt im Hintergrund der Komposition eingesetzt werden kann. Auch eine überlappende Platzierung kann damit gut gelingen. Wiederhole den Vorgang und drucke einige Male das Motiv ab.

4. Schneide aus dem als Unterlage verwendeten Zeitungspapier interessante Farb- oder Musterflächen aus und gestalte aus ihnen Details für die Schuluniformen. Du kannst z. B. unterschiedliche Accessoires oder die gleichen, dafür aber in unterschiedlichen Farben/Mustern/Größen ausschneiden. Klebe sie sorgfältig auf die jeweilige Uniform auf.

Moosgummi-Variante

Zeichne kräftig mit dem Kugelschreiber auf die Moosgummiplatte. Achte auf deutlich spürbare Vertiefungen. Schneide dein Motiv mit 1–2 mm Abstand zum Umriss aus und klebe es auf ein Pappstück auf. Schneide mit der Schere die überstehende Pappe weg. Gehe weiter vor wie beim Linoldruck.

Musikbegleitung

Pink Floyd „Another Brick in the Wall"
Maurice Ravel „Bolero"
Cat Stevens „Remember the days of the old School Yard"

TIPPS

- Der Moosgummi-Druck ist bereits für jüngere Kinder geeignet, ein Linolschnitt ist aufgrund der höheren Verletzungsgefahr erst ab ca. acht Jahren zu empfehlen.
- Beim Linoldruck unbedingt „vom Körper nach außen" schnitzen. Ruhige Stimmung, genug Abstand zwischen den einzelnen Arbeitsbereichen, eventuell auch ein Handschutz für die zweite, die Platte haltende Hand sorgen für einen sicheren Arbeitsvorgang.
- Sanft mit dem Wasser aus der Sprühflasche benetztes Druckpapier liefert eine bessere Druckqualität.

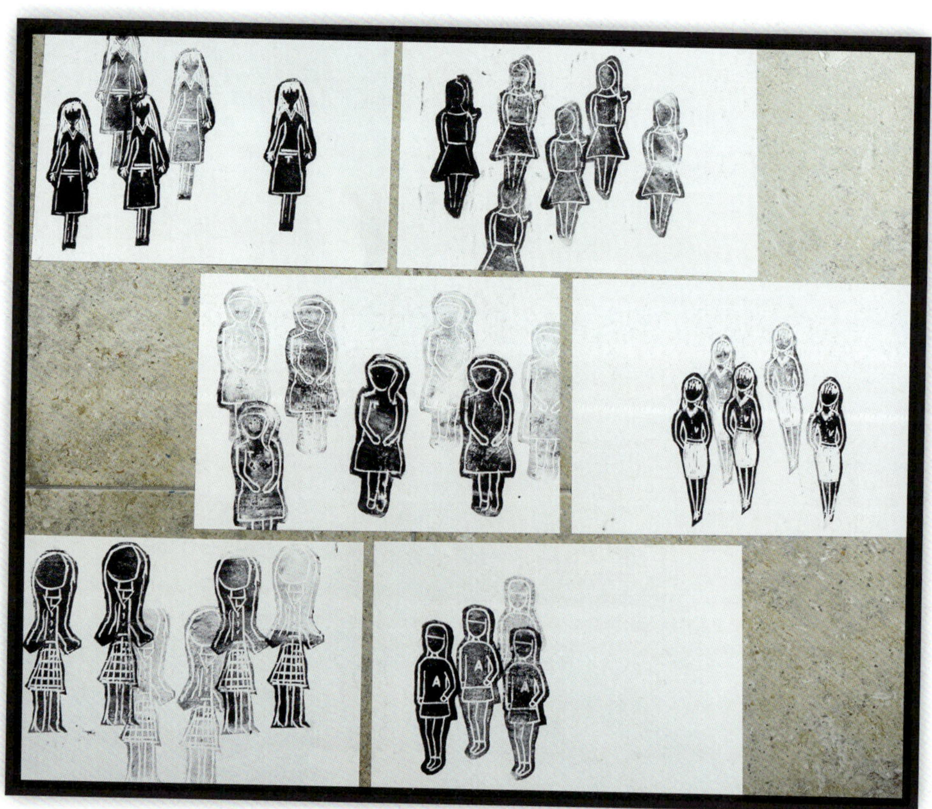

Variation „Mauerwerk"

Alle Werke als eine Mauer mit versetzten „Ziegelsteinen" und Abständen/„Fugen" an einer Wand aufhängen und dabei gemeinsam „Another Brick in the Wall" von *Pink Floyd* singen.

Zeichenvorlagen

4. BAUM.TRICK

Vervielfältigen

Hundertwasser pflanzte in seinem Leben mehrere Tausend Bäume. Er entwarf Plakate und Aufkleber, um Begrünungsprojekte zu popularisieren und zu finanzieren, organisierte zahlreiche Baumpflanzaktionen, Dach- und Wandbegrünungen auf der ganzen Welt. Mit seinem Engagement wollte er der Natur die von Menschen eroberten Gebiete zurückgeben. Da unsere Welt sich zunehmend und in rasantem Tempo von der Natur entfernt, die verheerenden Folgen der Industrialisierung auf der ganzen Erde sichtbar und spürbar sind, muss die Menschheit schnell gegensteuern. Und es gibt dafür ein sehr simples Heilmittel – den Baum! Bäume liefern Sauerstoff, sichern das Leben und den Lebensraum. Um ökologische Schäden auszugleichen, brauchen wir allerdings eine sehr große Menge an Bäumen.

In diesem Projekt verinnerlichst du mit einem künstlerischen Zaubertrick spielerisch die Lösung eines Umweltproblems. Aus eins mach drei. Oder vielleicht noch mehr?

Zeitbedarf

1–2 Unterrichtsstunden

Kompetenzen

- spielerisch den Sinn einer Baumpflanzung und Bedeutung der Menge erproben
- die Büro-Kopiertechnik für einen künstlerischen Zweck anwenden
- ein Motiv in unterschiedlichen Techniken zeitsparend darstellen

Material

- Zeichenvorlage: Abbildungen laubloser Bäume (S. 35)
- Zeichenpapier, DIN A5, weiß
- Kohlepapier (Durchschreibepapier), DIN A5
- Packpapier, DIN A5
- Malerkrepp
- Bleistift
- festeres, weißes Malpapier (mind. 160 g/m²), DIN A4
- Weißkreide bzw. weißer Buntstift
- evtl. Haarspray
- DIN-A4-Schablone (1 Stück für alle Schüler*innen) in Passepartout-Form (der mittige Fenster-Ausschnitt soll umlaufend ca. 0,5 cm kleiner als das Kohlepapier-Stück sein)
- Fineliner, schwarz
- Radiergummi
- Schere
- Klebeband
- evtl. Glasrahmen oder 2 Folien pro Kind

4. BAUM.TRICK

Vervielfältigen

Inspiration

- Unterschiedliche **Fotos Hundertwassers und seiner Pflanzaktionen** (z. B. bei der Baummieteraktion in der Via Manzoni während der Triennale Mailand im Jahr 1973, Baumpflanzungen in Wien, Rosenthal-Fabrik in Selb), Dachbepflanzungen und Baummieter (z. B. Kunsthaus Wien, Rogner Bad Blumau, Waldspirale Darmstadt)
- **Zeichentrickfilme/Videos:** „Der Maulwurf in der Stadt" von Zdeněk Miler (1982), „Man" (2012) und „Man 2020" (2020) von Steve Cutts
- **Greenpeace-Video** „Elegy for the Arctic" von Ludovico Einaudi (2016)

Arbeitsablauf

1. **Vorbereitung:** Sieh dir unterschiedliche Baumsorten in der laublosen Jahreszeit an.
   Wie ist die Baumstruktur?
   Wie stark/dick ist der Stamm im Wurzelbereich?
   Wie sehen die Äste aus? Haben sie durchgehend die gleiche Stärke? Wo sind sie dicker, wo dünner?
   Wie sehen die Hauptäste und ihre Verzweigungen aus?

2. Lege alle DIN-A5-Papierblätter in folgender Reihenfolge übereinander: oben das weiße Blatt, darunter das Kohlepapier und ganz unten das Packpapier. Befestige mit kurzen Malerkreppstücken die Stapel an allen vier Rändern auf der Arbeitsplatte. Zeichne zuerst ganz zart mit dem Bleistift einen laublosen Baum, beginne dabei mit dem Stamm im Wurzelbereich und lasse den Baum zunehmend – wie in der Natur – nach oben wachsen. Zeichne die dickeren Hauptäste und ergänze sie um die zunehmend zarteren Zweige. Um dem Baum mehr Dreidimensionalität zu verleihen, betone die Rundungen/Schatten mit kurzen Bogenstrichen an den Stamm- und Asträndern. Entscheide dabei, von welcher Seite das Licht auf den Baum fällt, und zeichne den Schatten bei allen Ästen auf der gleichen Seite. Wenn du mit der Skizze zufrieden bist, zeichne anschließend alle Linien mit dem Bleistift kräftig nach. Entferne vorsichtig alle Malerkreppstücke.

3. **Weißes Blatt:** Der Baum sieht winterlich aus. Behalte ihn in dieser Form.
4. **Kohleblatt:** Richte das Blatt gegen ein Licht oder Fenster. Das ist ein wahrer, dunkelbunter Zauber, der in der Dunkelheit leuchtet. Gestalte eine passende Umrandung auf dem weißen DIN-A4-Malpapier (siehe Schritt 6).
5. **Packpapier:** Der Abdruck wirkt wie mit Kohle gezeichnet. Du kannst ihn so belassen oder mit Weißkreide die Details oder Stimmung (z. B. Nebel) ausarbeiten. Zeichnen und Verwischen bereichert die Komposition. Anschließend mit Haarspray (bei offenem Fenster) fixieren.
6. **Umrandung:** Das mittige Fenster aus der „Passepartout"-Schablone zart mit dem Bleistift auf das weiße DIN-A4-Malpapier übertragen. Je nach Jahreszeit/Thema passende Elemente (bei uns Halloween) im Randbereich skizzieren, auch über den mittigen Fensterrand nach innen auskragend platzieren. Mit Fineliner nachziehen, Bleistiftspuren entfernen. Das mittlere Fenster ausschneiden, dabei 1–2 mm zu der schwarzen Kontur belassen. Die Umrandung wenden, das fixierte Kohlepapier auf die Öffnung auflegen und mit dem Klebeband befestigen.
   Schnelle Alternative: Rahme das Bild in einem doppelseitigen Glasrahmen oder zwischen zwei Folien ein.
7. **Präsentation:** Die Werke auf dem Fenster oder in der Nähe einer Lichtquelle präsentieren.

Musikbegleitung

Louis Armstrong „What A Wonderful World"
Queen „Is This The World We Created...?"
Cosmo Sheldrake „Cuckoo"
Yann Tiersen „Porz Goret"
Ludovico Einaudi „Elegy for the Arctic"
Gustav Mahler „Das Lied von der Erde"
Joseph Haydn „Die Schöpfung"

4. BAUM.TRICK

Vervielfältigen

TIPPS

- Um sicherzustellen, dass die Zeichnung auch auf die unterste Packpapier-Ebene übertragen ist, kannst du zwischendurch vorsichtig ein Malerkreppstück vom Rand entfernen.
- Wir haben das Bild zum Thema „Halloween" gestaltet und um charakteristische Merkmale verfeinert. Die Gestaltung der Umrandung auf dem festeren Papier kann aber auch an andere Jahreskreis-Feste angepasst sein.
- Kohlepapier nur am Rand halten, um die Zeichnung nicht zu beschädigen, und die Hände möglichst sauber halten. Zur besseren Haltbarkeit ist eine Fixierung der glatten Papierseite mit einem Haarspray aus ca. 20 cm Entfernung und bei offenem Fenster empfehlenswert.
- „Statistik": Zähle zusammen mit den anderen Schüler*innen, wie viele Bäume ihr gemeinsam gezaubert habt.

Variation

Um ein Motiv, in unserem Projekt einen Baum, zu vervielfältigen, kannst du auch eine Drucktechnik anwenden. Der Linol- oder der Moosgummischnitt liefern unendlich viele Drucke – unterschiedlich gefärbt, formatiert und auf interessanten Papiersorten. Die Motive kannst du mit deinen Mitschüler*innen zu Kunstbüchern zusammenheften oder als Einzelstücke z. B. bei einem Schulbasar oder Adventmarkt anbieten. Aus den Einnahmen gelingt es dir/euch vielleicht sogar, einen Baum zu finanzieren – für den Schulbereich oder auf dem Schulweg?

Zeichenvorlagen

5. WEIHNACHTEN IM WALD

Doppelseitige Monotypie

An unterschiedlichen Orten auf der ganzen Welt lebte Hundertwasser seine Ideen. Er erwarb z. B. die „Hahnsäge" – eine verlassene Mühle weitab von der Hektik der Stadt, mitten im dünn besiedelten Waldviertel in Niederösterreich, um dort im Einklang mit der Natur zu wohnen und zu arbeiten. Er lebte bescheiden, half kranken Tieren und versuchte, auch einige Bäume zu retten. Er schätzte die Bewohner*innen des Waldviertels, ihren Umgang mit der Natur und ihre Kultur.

In der Nähe seiner Wohnstätte, in Roiten, entstand ein Dorfmuseum mit Grasdach und bunten Säulen, die Hundertwasser spendete. Er setzte sich auch aktiv für die Erhaltung der natürlichen Ökosysteme ein, schloss sich den Naturschützer*innen an und campte sogar im Wald (z. B. zum Protest gegen ein geplantes Kraftwerk in den Donau-Auen in der Nähe von Wien).

Dieses doppelseitige Projekt zeigt auch dich als umweltbewusste*n Künstler*in: als jemanden, der gern in der Natur verweilt, aber auch sieht, dass die Lebensräume der Tiere und Pflanzen durch menschliches Tun schrumpfen. Vielleicht möchtest du diese Arbeit auch im Freien präsentieren und andere auf das Thema aufmerksam machen?

Zeitbedarf

2 Unterrichtsstunden

Kompetenzen

- die Naturverbundenheit und das Engagement Hundertwassers für die Erhaltung der Natur verinnerlichen, seinen Vorbildcharakter zum Ausdruck bringen
- Monotypie-Technik für doppelte, winterliche Szene anwenden, unterschiedliche Effekte verfeinern und um Details in Mischtechnik erweitern
- Baumstruktur (Nadeln und Laub) überzeugend darstellen
- Tiere und menschliche Körper in passender Proportion darstellen, Struktur und Materialwiedergabe beachten (z. B. Fell, Wintergewand)
- umweltfreundlich gestalten (sorgfältiger Umgang mit Materialresten, Präsentationsmöglichkeit im Freien)

Material

- Zeichenvorlagen: „Nadelbäume im Sommer und Winter" (S. 42) und „Heimische Waldtiere" (S. 43)
- weißes, festeres Malpapier (mind. 160 g/m²), zwischen DIN A4 und DIN A3
- Bleistift
- weiße Kerzenstümpfe
- Pinsel, div. Größe, dabei auch Borstenpinsel
- Wasserbehälter
- malfertige Tempera oder Acrylfarbe, schwarz, weiß, blau, gold
- Kinderporträt in Passfoto-Größe
- Schere
- Klebstoff
- Packpapier, mind. DIN A5
- Kopie der Spiralen-Arbeit aus dem Projekt „IMMER WIEDER – Gedanken-Spirale" (mind. 3 x 5 cm)
- Fineliner, schwarz
- Radiergummi

5. WEIHNACHTEN IM WALD

Doppelseitige Monotypie

- bunte Wollreste
- evtl. bunte Bastel-Pompons (ca. 5 mm Durchmesser)
- Haushaltsschnur (Länge ca. 20 cm)
- evtl. Heißkleberpistole
- Wellpappe-Streifen oder Holzlatten bzw. Zweige, Breite ca. 2 cm, Länge = Breite der Arbeit nach dem Falten (siehe Anleitungstext „Präsentation")
- evtl. Wassersprühflasche

Inspiration

- **Foto „Hundertwasser mit Werken im Waldviertel"** in Niederösterreich: Im Jahr 1978 verbrachte Hundertwasser dort die Wintermonate mit seinem Künstlerfreund René Brô und malte einige Bilder.
- Fotos des Künstlers und seine **Plakate zur Erhaltung der Donau-Auen**, z. B. „Hainburg – Die freie Natur ist unsere Freiheit" (1984), Flaschen-Etikette „Sparkling Water" (1990), Briefmarke „Nationalpark-Donauauen" (2004)
- **Bildband „Alle Jahre wieder saust der Presslufthammer nieder"** von Jörg Müller, erschienen im Verlag Sauerländer 1973 (Neuausgaben 2007, 2016): In sieben Bildtafeln zeigt der Schweizer Illustrator einen fiktiven Ort und seine Veränderung binnen 20 Jahren.

Arbeitsablauf

1. **Vorbereitung:** Sieh dir die unterschiedlichen Abbildungen der Nadelbäume an, sowohl in der wärmeren Jahreszeit als auch nach dem Schneefall.
   An welche geometrische Form erinnert ein Nadelbaum?
   Welche Waldtiere sind im Winterwald aktiv?
   Wie passen sie sich an die Klimabedingungen an?
   Wie und wo suchen sie Nahrung?
   Betrachte das Foto von Hundertwasser im Wienerwald.
   Was wollte der Künstler durch diese ungewöhnliche Bild-Präsentation vermitteln?
2. Falte das weiße, festere Papierblatt entlang der Längsachse zur Hälfte. Klappe das Blatt auf. Auf einer Seite skizzierst du leicht drei (oder mehr) Dreiecke als Hilfskontur der späteren Nadelbäume. Die Dreiecke können neben- oder hintereinander platziert und unterschiedlich groß/breit sein. Male die Baumflächen kräftig mit dem Kerzenwachs aus.
3. **Monotypie/Abklatschtechnik:** Male ganz rasch eines der Dreiecke mit einem Borstenpinsel und schwarzer Farbe aus. Beginne am besten im unteren Bereich. In kurzen Strichen malst du die „Zweige" zunehmend nach oben. Etwas Abstand zwischen den Malstrichen/unbemalten Papierstellen sind gestalterisch von Vorteil (als Schnee-Spur). Kratze die noch frische Farbe mit der Spitze des Pinselstiels aus und betone damit die Nadel- bzw. Aststruktur. Klappe das Papierblatt zu und „massiere" mit der geschlossenen Hand in Kreisbewegungen die Farbe ein. Klappe das Papierblatt auf und wiederhole den Vorgang bei den weiteren Bäumen. Ergänze die Abdruckseite (die ohne Wachsschicht) mit einem blauen, kühlen Himmelston. Mische dabei Reste der schwarzen Farbe mit blau und weiß. Lasse zu den Baumumrissen etwas Abstand (als Schnee auf den Zweigen). Der untere Papierblattbereich soll unbemalt als Schneefläche verbleiben. Lasse beide Seiten gut trocken. In der Zwischenzeit kannst du die Details ergänzen.

4. **Selbstbildnis:** Schneide aus deinem Fotoporträt den Hintergrund weg. Klebe den Kopf auf das Packpapier (im Hochformat) und lasse dabei zum oberen Rand ca. 2 cm Abstand. Ergänze zuerst mit dem Bleistift den Körper im Wintergewand – achte auf die passende Materialwiedergabe (z. B. zottelig mit kurzen Strichen) –, dann deine Winterschuhe und Handschuhe. Zeichne einen Schlitten oder Ski. Lasse dich dabei von Hundertwasser im Wald inspirieren und achte auf die passende Händehaltung (Ellbogen): Du sollst dein Spiralen-Werk halten. Klebe die Kopie der Spiralen-Arbeit auf und ziehe die Skizzenlinien anschließend mit dem Fineliner nach. Radiere die Bleistiftspuren aus. In den Schal kannst du eventuell einen weihnachtlichen Text schreiben. Schneide kurze, bunte Wollstücke aus und klebe sie als Mützen-Wollreihen auf deinen Kopf. Ergänze die Mütze eventuell mit einem fertigen Bastel-Pompon oder einem kleinen, selbst gerollten Wollknäul. Die kleinen Wollreste können noch für die Schalfransen verwendet werden. Schneide das fertige Selbstbildnis mit 1–2 mm Abstand zum Umriss aus und klebe es auf der Bildseite mit dem blauen Himmel auf.

5. **Tiere & Co.:** Zeichne mit dem Bleistift auf den Rest des Packpapiers zwei bis drei Waldtiere. Achte auf die Darstellung des Fells bzw. der Federn. Ein Tier muss nicht gänzlich dargestellt sein, ein gut erkennbarer Teil, richtig im Bild platziert, erweitert sogar die Komposition.

5. WEIHNACHTEN IM WALD

Doppelseitige Monotypie

Zeichne mit dem Fineliner die Linien nach, entferne die Bleistiftspuren und schneide mit etwas Abstand zum Umriss die Tierdarstellungen aus. Klebe sie an passenden Stellen auf die Bildseite mit unbemaltem Himmel. Ergänze mit dem Bleistift den Hintergrund mit laublosen Bäumen (die Vorübung aus dem „Baum.Trick"-Projekt ist gefragt). In festliche Stimmung bringen dein Bild ein paar weihnachtliche Details mit Goldfarbe.

6. **Präsentation:** Benetze mit dem Klebstoff die unbemalte Rückseite der Arbeit (nur eine Hälfte), achte insbesondere auf genug Klebstoff an den Rändern. Lege die Haushaltschnur mittig zu einem umgedrehten „U" am oberen Rand der benetzten Hälfte, sodass ca. 1–2 cm der Schnur auf dem Papier liegen. Verstärke eventuell diese Stelle mit dem Heißkleber. Klappe die beiden Bildseiten entlang der Falte und presse sie vorsichtig, aber kräftig zusammen. Schneide aus einem Wellpappe-Streifen oder einer Holzlatte (wir haben Industrieparkett-Reste verwendet) vier Stücke in der Länge der Bildbreite zu. Klebe die Latten beidseitig sowohl am unteren als auch am oberen Bildrand auf.

Musikbegleitung

Sting „Soul Cake"
Quadriga Consort „On a Cold Winter's Day"
Franz Schubert „Winterreise"
Advent-/Weihnachtslieder z. B.
„Leise rieselt der Schnee", „O Tannenbaum",
„Schneeflöckchen, Weißröckchen"

TIPPS

- Solange die Farbe frisch ist, lässt sie sich von dem mit Wachs vorbehandelten Untergrund leicht wegkratzen. Jedes spitze Werkzeug (z. B. Nagel, Zahnstocher) ist zum Verfeinern der Baumstruktur geeignet. Falls die Farbe schon angetrocknet ist, kann sie mit Wasser aus der Sprühflasche leicht benetzt werden. Die damit eingeweichte Schicht erlaubt die nachträgliche Kratztechnik. Eine Wachsschicht schützt den Untergrundfarbton und bringt ihn nach dem Wegkratzen zum Vorschein.
- Vor dem Abdruck kannst du das Papier leicht mit Wasser aus der Sprühflasche anfeuchten. So wird die Druckqualität noch besser.
- Borstenpinsel, auch die ausrangierten, hinterlassen eine zum Nadelbaum-Motiv passende Struktur. Das Ende eines Pinsel-Holzstiels lässt sich auch spitzen und als Kratz-Mal-Werkzeug in einem verwenden.

Weitergestalten/Variation „Weihnachtsbaum"

Gestalte aus den Zeitungs- und Packpapierresten einen Weihnachtsbaum für die Waldtiere.
Welche Tierarten möchtest du überraschen?
Was möchtest du ihnen schenken?

Zeichenvorlagen *„Nadelbäume im Sommer und Winter“*

Zeichenvorlagen „*Heimische Waldtiere*“

6. RECHTE UND PFLICHTEN

Fassadenbegrünung

Hundertwasser machte sich viele Gedanken über die Art, wie wir leben und wie wir naturnaher leben könnten. Er fasste seine Überlegungen in verschiedenen Manifesten zusammen z. B. in „Dein Fensterrecht – Deine Baumpflicht" (1972). Eine freie, kreative Gestaltung des eigenen Wohnraumes (und des Fensterbereiches) sowie die Rückkehr der Natur in die verbaute Welt waren Hundertwassers großes Anliegen. Mit jedem Bauwerk nimmt schließlich der Mensch der Natur ein Stück weg. Viele Straßen haben kein Grün, die Stadtsommer sind unerträglich heiß, der Platz für Bäume oft schwer zu gewinnen … Eine Fassadenbegrünung jedoch ist platzsparend und auch wirksam. Stell dir vor, du wärst ein*e Architekt*in. Versuche, die Bewohner*innen der Stadt glücklich und wieder naturverbunden zu machen.

Zeitbedarf

2 Unterrichtsstunden

Kompetenzen

- die Verbindung von Natur und Architektur durch Kombination des Gestaltungsmaterials betonen (Künstlerbedarf, Naturmaterial)
- ein bestehendes Fassadenbild verändern
- eine Idee hinterfragen, Probleme ausloten, nachhaltige Werte erkennen
- einen gemeinsamen Bedürfnis-Nenner im Wohnen definieren und kreativ als „Planer*in" umsetzen
- Naturmaterial und seine Eigenschaften verstehen und einsetzen (z. B. Farbe, Alterungsprozess, Struktur)

Material

- Kopiervorlage: Fassade (S. 51), auf DIN A4 (mind. 160 g/m²) kopiert
- Naturmaterial (z. B. Blätter, Blüten, frisch und getrocknet)
- Bleistift
- Radiergummi
- Aquarellfarben oder Aquarellstifte
- Fineliner, schwarz
- Klebstoff
- evtl. Tempera/Acrylfarben in gold
- Pinsel, div. Größe
- Wasserbehälter
- Schere
- Kopie der Spiralen-Arbeit aus dem Projekt „IMMER WIEDER – Gedanken-Spirale" (mind. 3 x 5 cm)

6. RECHTE UND PFLICHTEN

Fassadenbegrünung

Inspiration

- **Fotos diverser Hausfassaden Hundertwassers** mit Fensterdetails und Wand-/Dachbegrünungen (z. B. das Hundertwasser-Haus in Wien, Ronald McDonald in Essen, Grüne Zitadelle in Magdeburg, Fensterrecht Andergasse in Wien, Bülach und Essen, Flaschen-Fenster in der öffentlichen Toilette KawaKawa in Neuseeland)
- **Werke:** „2 bis 13 schwimmende Fenster" (1979), „Die Fenster gehen nach Hause" (1979), „Fensterrecht" (1983), „Unter Bäumen bist Du zu Hause" (1999)

Arbeitsablauf

1. **Vorbereitung:** Diskutiere, was du als Planer*in den Bewohner*innen in deinem Wohnprojekt Besonderes anbieten würdest.
   Möchtest du dabei eine bestimmte Gruppe ansprechen?
   Sieh dir unterschiedliche Abbildungen der Hundertwasser-Wohnbauten an und vergleiche ihre Formen und Angebote. Achte auf die Verbindung mit der Natur (Dach-/Wandbegrünungen) und die Gestaltung der Fassaden. Vergleiche Projekte Hundertwassers mit zeitgenössischen Beispielen des ökologischen Wohnbaus und der Fassadenbegrünung.
   *Welche Regeln müssten definiert sein, wenn jede*r Bewohner*in den eigenen Bereich in der Wohngemeinschaft gestalten dürfte?*
   Ist es gut, dass es eine Bauordnung gibt?
2. **Planung:** Suche für deine Idee passendes Naturmaterial aus und zerkleinere/verkleinere es nach Bedarf. Lege es lose auf die Fassadenfoto-Kopie und probiere verschiedene Gruppierungen und Platzierungen.
   Welche Bereiche sollten mit Farbe unterstützt werden?
   Merke dir die optimale Anordnung oder markiere die Bereiche mit dem Bleistift. Schiebe das Material zur Seite.
3. **Fassade:** Male mit den Aquarellfarben insbesondere die Fensterbereiche aus, ergänze dein Bild mit Bleistift- und/oder Fineliner-Linien. Klebe das Naturmaterial an die passenden Stellen, drücke es fest an oder beschwere es für die Trocknungszeit mit einem Gegenstand. Benetze einen Bereich mit Klebstoff, zerreibe getrocknete Blätter und streue sie darüber. Ergänze, falls nötig, die Aquarellstellen um die Ausschnitte deiner fotokopierten Spiralen-Arbeit und verfeinere dein Bild, wenn du möchtest, mit der goldenen Farbe.

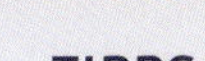

TIPPS

- Beobachte die Veränderung des Naturmaterials im Laufe der Zeit (Farbe, Festigkeit).
- Frische Blätter lassen sich einfacher schneiden als getrocknete. Getrocknete Blätter sind wiederum als buntes „Streugut“ bestens geeignet und wirken im Bild wie ein Mosaik.
- Der Herbst ist besonders gut geeignet für unsere Planung, denn dann findest du genug Naturmaterial, z. B. beim Klassenspaziergang im Park oder bei der Arbeit im Schulgarten.

Variation „Straße"

Die einzelnen Fassaden können gemeinsam eine Straße bilden. Am einfachsten ist es, die Fassaden-Kopie als eine Klappkarte zu konzipieren, bei der die eine Papierblatthälfte die Straßenwand und die andere den Boden bildet. Der Bodenbereich kann mit Baummodellen aus getrockneten Pflanzen/Zweigen ergänzt werden (als Steck-Unterlage kann z. B. eine mehrschichtige Wellpappe dienen).

Musikbegleitung

Melody Gardot „Somewhere over the Rainbow"
Comedian Harmonists „Mein kleiner grüner Kaktus"
Antonio Vivaldi „Il Gardellino"
Frederick Delius „In a Summer Garden"
Bedrich Smetana „Die Moldau"

Fassadenbegrünung

Kopiervorlage

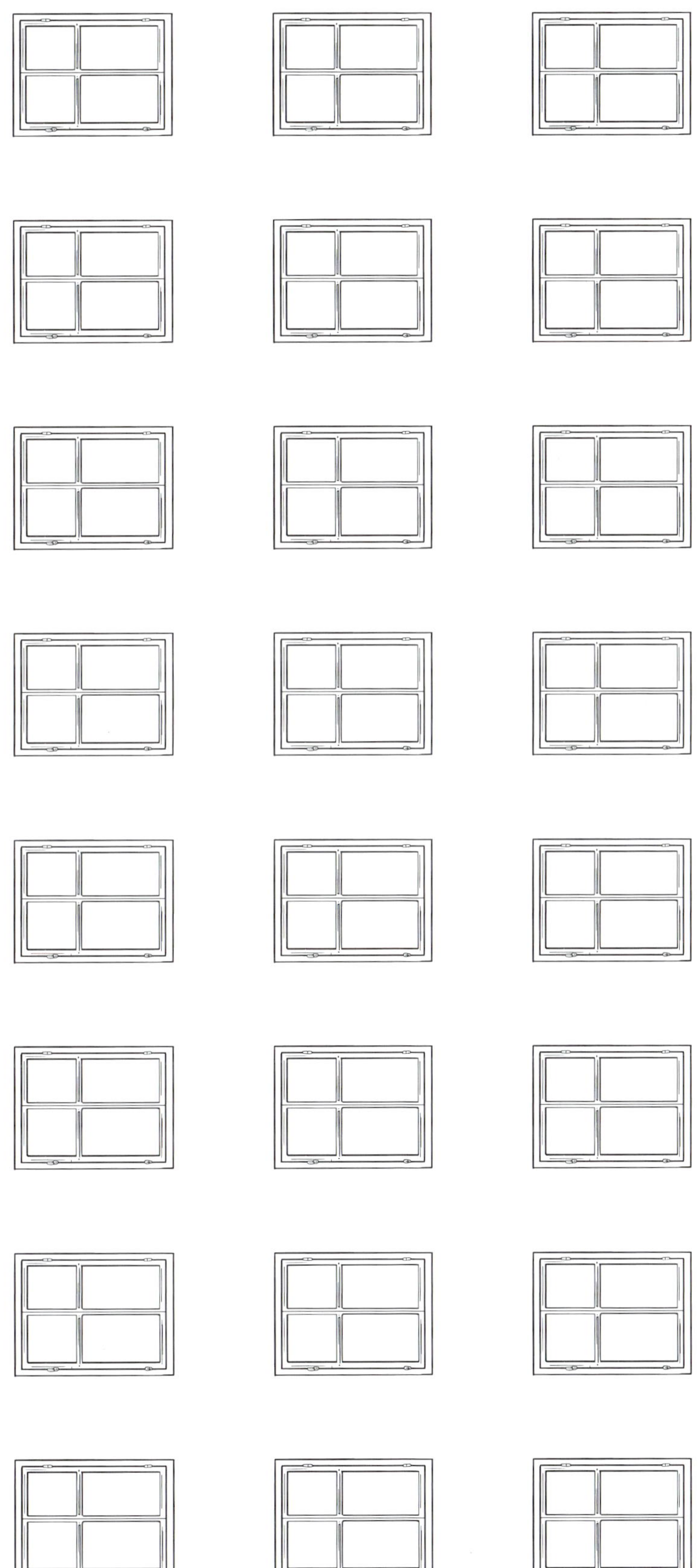

7. Mein kleiner Regenwald

3D-Bild

Nicht jedem Menschen ist es möglich, einen eigenen Garten zu genießen. Nicht jeder Blick aus dem Fenster erfreut das Auge mit sattem Grün. Doch es ist möglich – sogar auf kleinstem Raum –, eine grüne Oase für die Seele zu zaubern.

Hundertwasser brachte Natur in die Straßen, auf die Dächer und an Wände. Er umgab sich immer – auch in den Innenräumen – mit Pflanzen. Wie würde dein Lieblingsraum als kleiner Regenwald aussehen?

Zeitbedarf

3–4 Unterrichtsstunden

Kompetenzen

- eine dreidimensionale Szene darstellen, unterschiedliche Methoden zur Steigerung der Raumtiefe anwenden (Axonometrie – perspektivische Darstellung der Objekte, Ebenengestaltung mittels Distanzpolster, helle und dunkle Bildteile kombinieren, Detailierungsgrad je nach Lage im Bild differenzieren)
- ein Inneneinrichtungs-Modell gestalten (Proportionen im Zusammenhang mit menschlichem Körper ausloten, Funktion des Raumes durch charakteristische Möblierung betonen, Einschränkungen des Raumes untersuchen und kreativ erweitern)
- Natur als Teil des Wohnraumes erfahren und als Bereicherung in die Raumfunktion einbinden
- Naturmaterial mit künstlerischer Naturnachahmung kombinieren
- Grüntöne selbst mischen, auf unterschiedlichen Untergründen die Farbwirkung ausprobieren

Material

- Zeichenvorlagen: Abbildungen von Möbeln und Zimmerpflanzen (S. 59)

TIPP
Einrichtungskataloge bieten viel Inspiration und einen guten Fundus an Möbeln und Zimmerpflanzen.

- Schuhkarton oder Kartonschachtel, ca. DIN A4 (Hier verwendeten wir günstige Kartonboxen mit getrenntem Deckel für einheitliche Größen der Arbeiten: Ein Kind bekam den Boden, das andere den Deckel.)
- Kamera oder Kinderfoto, ca. 8 cm groß
- Kopie der Spiralen-Arbeit aus dem Projekt „IMMER WIEDER – Gedanken-Spirale" (mind. 3 x 5 cm)
- Schere
- weißes, festeres Zeichenpapier (ab ca. 160 g/m²), mind. DIN A4
- Bleistift
- Fineliner
- Radiergummi
- evtl. dickerer Filzstift, schwarz
- Briefumschlag oder Klarsichthülle, (1 Stck./Kind, mit Namen beschriftet)
- farbiges Ton- oder Kopierpapier, je ca. DIN A5 in weiß, grün und schwarz

7. MEIN KLEINER REGENWALD

3D-Bild

- dickflüssige Wasserfarben (z. B. malfertige Tempera), gelb, blau, weiß und schwarz
- großer Pinsel, z. B. Borstenpinsel
- Wasserbehälter
- kleine Zweige oder getrocknete Stauden
- Gartenschere
- Folienstück, ca. DIN A6 (z. B. aus glatter Klarsichthülle, Overheadfolie)
- Cutter
- Schneideunterlage
- Klebstoff
- Folienstift/Permanentmarker, schwarz (1 Stück/Gruppe)
- Wellpappenreste für Distanzpolster
- Heißkleberpistole

Inspiration

- **Fotos von Hundertwasser mit Zimmerpflanzen:** „Hundertwasser im Otto-Wagner-Atelier in der Spiegelgasse" (1973), „Hundertwasser in seiner Meisterschule an der Akademie der bildenden Künste in Wien" (ca. 1985), „Hundertwasser in seiner Meisterschule für Malerei" (1985) und „Hundertwasser in seiner Meisterschule an der Akademie der Bildenden Künste" (1989). Vergleiche mit Fotos von Hundertwasser im Regenwald in Neuseeland, z. B. „Hundertwasser mit einem Riesen-Puriribaum" (1994) und „Hundertwasser auf seinem Land in Kaurinui Valley" (1995).
- **Wusstest du das?** Zimmerpflanzen sehen nicht nur schön aus. Sie reinigen auch die Luft von Schadstoffen, liefern Sauerstoff und Luftfeuchtigkeit. Ihre zahlreichen Grüntöne wirken beruhigend auf unsere Augen. Mit Pflanzen im Raum kann man sich auch besser konzentrieren, entspannen und schlafen.
- **„Urban Jungle"** (Stadtdschungel) ist ein Wohntrend, mit dem jeder Mensch ein Stück Natur in die eigenen vier Wände holen kann – du findest unzählige Foto-Beispiele im Internet, wie ungewöhnlich ein gewöhnlicher Raum mit Pflanzen aussehen kann.
- Das **Video zum Lied „Jungle Drum"** von Emilíana Torrini: Für das Musikvideo wurde die Szene mit bemalten und ausgeschnittenen Pflanzen ausgestattet.
- **Zeichentrickfilm „Das Dschungelbuch"** von Disney (1967)

Arbeitsablauf

1. **Vorbereitung:** Sieh dir die unterschiedlichen Innenraumbeispiele mit Zimmerpflanzen an. Diskutiere:
   Welche Vorteile bringt die Innenraumbegrünung und welche Schwierigkeiten?
   Welchen Raum würdest du gern begrünen und warum?
   Lasse dich in einer zu deinem Projektraum passenden Pose fotografieren.

2. **Einrichtung:** Schneide dein Foto ohne Hintergrund aus und lege es in die Schachtel. Überlege, was du im Raum machen möchtest und welche typischen Möbel du dazu brauchst. Zeichne sie mit dem Bleistift zuerst zart auf dem weißen, festen Papier auf. Du kannst die Gegenstände dreidimensional, von vorn oder als „ausgeklappten Papierbogen" (die ausgeschnittenen Möbel können dann gefaltet werden) darstellen. Achte darauf, dass die Größe der Gegenstände zur Größe deines Fotos passt. Wenn du zufrieden bist, ziehe die Bleistiftskizze mit dem Fineliner nach und radiere anschließend die Bleistiftspuren aus. Male eventuell manche Bereiche mit einem schwarzen Filzstift aus. Schneide alle gezeichneten Objekte so aus, dass ein Abstand von ca. 2 mm zum Umriss bleibt (somit beschädigst du die Konturen nicht). Sammle alle deine Ausschnitte in einem beschrifteten Briefumschlag oder einer Klarsichthülle.

3. **Zimmerpflanzen:** Falte die drei DIN-A5-Papierblätter zur Hälfte. Gestalte grün getöntes Papier in Abklatschtechnik: Bemale immer eine der Innenseiten des gefalteten Papiers ganz frei und spontan mit Grünmischungen. Klappe das Papier zu, drücke mit der Hand in Kreisbewegungen auf die Papierfläche und klappe sie rasch auf. Wenn du möchtest, kannst du die nicht bemalten Bereiche noch mit einem neuen Farbauftrag oder einem anderen Grünton ergänzen und erneut abdrucken. Lasse die grünen Papierbögen im aufgeklappten Zustand gut trocknen. Betrachte inzwischen Abbildungen verschiedener Zimmerpflanzen (auf der Zeichenvorlage, weitere Inspiration findest du im Internet und/oder in Katalogen) und achte insbesondere auf deren Blätterform, ihre Größe, Struktur und Farbe. Suche in deinen grünen Papierbögen interessante Bereiche aus und schneide ein paar Blätter pro Pflanzensorte aus. Du kannst das Papier zuerst falten, dann brauchst du nur die Hälfte eines Blattes bis zur Faltkante auszuschneiden und aufzuklappen. Gras und grasförmige Pflanzen entstehen leicht durch dichtes Einschneiden eines Papierstreifens. Sieh auch eine kleine Klebefalte vor, um die Blätter später einfacher zu befestigen. Bewahre alle bunten Papierreste für das nächste Projekt auf.

4. **Naturmaterial:** Lege einen Zweig oder eine getrocknete Pflanze in deinen Schachtel-Raum und überlege dir eine Lage und Funktion. Passe die Größe des Zweigs oder der Pflanze mit der Gartenschere an. Klebe aber noch nichts an.

7. MEIN KLEINER REGENWALD

3D-Bild

5. **Fenster:** Lege die Möbelausschnitte in den Raum und überlege ihren optimalen Platz. *Wo soll noch das Fenster sein?* Gib das Folienstück in das Schachtelinnere, übertrage mit dem Bleistift zart die Form des Folienstücks auf die Schachtelwand. Das endgültige Fenster soll umlaufend etwas kleiner sein als die „Fensterscheibe", um sie später befestigen zu können. Entferne alle losen Einrichtungselemente aus der Schachtel. Verändere eventuell die Form des Fensters mit dem Bleistift (vergrößere es aber nicht) und schneide die Öffnung auf einer Schneideunterlage mit dem Cutter aus. Je nach Kartonstärke lasse dir eventuell von deiner Lehrkraft helfen. Auf der Rückseite der Schachtel, entlang des Ausschnittes, trägst du den Klebstoff auf. Lege anschließend das Folienstück als Glasscheibe darauf und lasse es gut trocknen. Danach, erneut im Innenraum der Schachtel, kannst du mit dem Folienstift eine passende Fensterteilung auf das „Glas" aufmalen. (Die Rückseite der Schachtel wird weiter im Projekt „AUGEN DER STADT – Fenster-Mosaik" bearbeitet).

6. **Befestigen:** Alle gezeichneten und ausgeschnittenen Gegenstände bekommen jetzt eine Distanz-Polsterung aus Wellpappenresten. Die Dicke der Auspolsterung (mehrere Pappenlagen) definiert somit die Entfernung zur Schachtel-Rückwand und die Position verschiedener Elemente zueinander (vorn – hinten). Mit den größten Elementen beginnend, klebst du alle Teile der Inneneinrichtung ein. Beachte, dass die Pappstücke von vorn nicht sichtbar sein sollten. Zum Befestigen der Zweige empfiehlt sich eine Heißklebepistole. Vergiss dein Foto nicht. Klebe auch alle losen Blätter und Gräser an. Füge die Abbildung der Spiralen-Arbeit aus dem Projekt „IMMER WIEDER – Gedanken-Spirale" als Teil der Einrichtung ein (z. B. als Wandbild, Polster, Teppich). Du kannst diese Abbildung auch zuschneiden, einschneiden und/oder falten.

Musikbegleitung

Emilíana Torrini „Jungle drum"
„Probier's mal mit Gemütlichkeit" und weitere Filmmusik aus dem Zeichentrickfilm „Das Dschungelbuch" von *Disney* (1967)

7. MEIN KLEINER REGENWALD

3D-Bild

TIPPS

- Abklatschtechnik funktioniert nur mit frischer Farbe, daher entweder mit dem Farbauftrag nicht sparen oder ganz schnell arbeiten. Borstenpinsel ergeben dabei besonders interessante Spuren, die die Blattstruktur sehr gut nachahmen. Farbpfützchen hinterlassen nach dem Abdrucken oft verästelte Strukturen, die an kleine Bäume erinnern.
- „Ablöschen" der überschüssigen Farbe: Auf den noch frischen Abdruck ein neues Papierblatt auflegen und abdrucken. Somit entsteht ein zusätzlicher grüner Papierbogen und das Trocknen der Abdrücke wird beschleunigt.
- Beim Drucken mit der Hand am besten mit dem Handballen in Kreisbewegungen über das Papier fahren (Farbe „einmassieren"). Schnell aufklappen, damit die eventuell verklebten Papierhälften den Abdruck nicht verletzen.

Weitergestalten

Bunte Papierreste für das nächste Projekt „AUGEN DER STADT – Fenster-Mosaik" aufbewahren …

… oder ein neues Bild in Collage-Technik daraus zaubern.

Zeichenvorlagen

8. AUGEN DER STADT

Fenster-Mosaik

Fenster waren für Hundertwasser wie Augen eines Hauses. Sie verbinden innen mit außen und sollen auch eine Visitenkarte jedes*jeder Bewohnenden sein. In seinem „Fensterrecht“ (1972) setzte sich Hundertwasser für die individuelle Gestaltung des eigenen Fensterumfeldes ein. Die Fenster auf seinen Häusern tanzen aber nicht beliebig, sondern haben trotz aller Unterschiede auch Gemeinsamkeiten und Verbindungen untereinander. Für Mosaikdekorationen im Fensterbereich verwendete Hundertwasser nicht nur bunte Keramik, sondern auch Glas- und Spiegelteile. Probiere auch du, dein eigenes Fenster auf ähnliche Weise zu gestalten:

- ➜ umweltfreundlich, denn die einzelnen „Steine“ sind aus Papierresten
- ➜ individuell, denn jede*r hat eine eigene Fensterform und eigene Idee für die Ausschmückung vor Augen
- ➜ gemeinsam, denn in einer Gruppe ziehen wir durch unsere Wohnfelder eine verbindende, endlose Linie

innen und außen

Zeitbedarf

1–2 Unterrichtsstunden

Kompetenzen

- eine abstrakte Komposition frei von starren Rastern und Mustern aus kleinen Papierteilen („Mosaiksteinen“) rund um eine vorhandene Form (Fenster) gestalten
- umweltbewusst arbeiten: Materialreste tauschen und weiterverwenden
- Gruppenprojekt: verbindende Aspekte des Gestaltens/der Idee durch die gemeinsame Umsetzung der endlosen Linie ausloten, individuelle Teile als Bestandteile der gemeinsamen Präsentation erfahren

Material

- Schachtel (Fensterseite) aus dem Projekt „MEIN KLEINER REGENWALD – 3D-Bild“
- grün bemalte Papierreste aus dem Projekt „MEIN KLEINER REGENWALD – 3D-Bild“
- Tonpapierreste oder alte, bunte Arbeitsproben
- Kopie der Spiralen-Arbeit aus dem Projekt „IMMER WIEDER – Gedanken-Spirale“ (mind. 3 x 5 cm)
- Schere
- Klebstoff
- Filzstift mit breiter Spitze, schwarz

8. AUGEN DER STADT

Fenster-Mosaik

Inspiration

- Das Mosaik ist schon seit dem Altertum bekannt. Kleine Steine, Plättchen aus Holz, Metall, Knochen, Edelsteine in unterschiedlichen Farben wurden zu Mustern oder Bildern zusammengelegt.
- Hundertwassers Fenster-Mosaike und Fassadengestaltung: Fernwärmewerk Spittelau, Waldspirale Darmstadt, die Grüne Zitadelle von Magdeburg, Mierka Getreidesilo
- Das Hundertwasser nachempfundene Werk „Augen der Stadt – Fensterrecht" (1992) von Alfred Schmid (Klosterneuburg) und Andreas Bodi (Maria Enzersdorf)
- „Die Linie von Hamburg" (1959) ist eine Linienzeichnung, die Hundertwasser als Lehrender der Kunsthochschule in Hamburg in Form einer Gruppenarbeit ausführte. Eine über 10 km lange Linie in rot und schwarz, die über Wände, Fenster und Türen der Klassenräume gezogen war und eine Abwandlung der Spirale – der endlosen Linie – darstellt.

Arbeitsablauf

1. **Vorbereitung:** Sieh dir typische Wohnsiedlungsbauten, am besten aus deiner Wohngegend, an.
   Kann man erkennen, wer wo wohnt?
   Betrachte dann Hundertwasser-Fassaden.
   Wie sind hier die Fenster angeordnet?
   Welche Formen, Farben und Dekorationen haben sie?
   Was haben alle gemeinsam?
   Gibt es größer angelegte Fassadenelemente, die das gesamte Fassadenbild strukturieren?
   Sieh dir das Mosaik um ein Fenster herum genauer an.
   Wie sind die Steine angeordnet?
   Welche Farben liegen nebeneinander?
   Wie verlaufen die Fugen zwischen den Steinen?

2. Lege vorsichtig die Schachtel deines Projektes „MEIN KLEINER REGENWALD – 3D-Bild" mit dem Fensterausschnitt nach oben auf die Arbeitsfläche. Schneide aus den Papierresten verschiedene Formen in unterschiedlichen Größen. Zerteile auch die Abbildung deiner Spiralen-Arbeit.
   Beachte: Bevor du die Einzelteile um dein Fenster herum anklebst, denke daran, dass du in deinem Modell kleiner bist als in Wirklichkeit. Daher reicht deine Modell-Hand (wie in Hundertwassers Fensterrecht postuliert) nicht so weit wie deine echte Hand. Somit sollst du nicht die ganze Schachtelwand dekorieren, sondern nur den Fenster-Bereich.

3. Klebe die einzelnen „Papiersteine" zu einer Komposition um dein Fenster herum. Achte auf kleine Abstände (Fugen) zwischen den Plättchen. Versuche, alle Teile sehr sorgfältig anzukleben. Drücke insbesondere die Mosaikecken an den Untergrund an. Falls du mit einem durchsichtigen Klebstoff arbeitest, kannst du die fertige Komposition anschließend mit Klebstoff benetzen (für zusätzlichen Glanz und mehr Festigkeit).

4. Lege gemeinsam mit deinen Mitschüler*innen alle Arbeiten dicht nebeneinander auf den Boden. Malt nun gemeinsam, aber jedes Kind auf die eigene Schachtel, eine Linie mit dem schwarzen Filzstift. Wichtig ist, dass alle Werke auf gleicher Höhe nebeneinanderliegen, damit die Linie noch zusammenpasst, wenn die Schachteln aufgestellt werden. Das Kind des ersten Werkes zeichnet eine freie (nicht gerade!) Linie durch die eigene Fassade zur Grenze der Nachbarschachtel. Ab diesem Grenzpunkt setzt das nächste Kind die Linie zum darauffolgenden Kind fort. Die Linie endet zwar am Rand der letzten Arbeit, aber – wie wir von Hundertwasser wissen – eigentlich geht sie weiter. Symbolisch kann die Linie mit einem Faden bis zur Tür oder zum Fenster geführt werden.

Musikbegleitung

Ina Regen „Fenster"
(insbesondere der Refrain)
Madness „Our House"

TIPPS

- Für unser Projekt haben wir bunte Kartonschachteln mit getrenntem Deckel ausgesucht (je eine Schachtel für zwei Schüler*innen). Somit hatten wir gleich eine einheitliche (falls gewünscht) Fassadenfarbe. Sollten Schuhkartons verwendet werden, kann man ihre ursprüngliche Farbgebung belassen oder sie mit Acrylfarben bemalen. Glatte Karton-Oberflächen sollten Sie für eine bessere Farbhaftung zuerst mit Schleifpapier aufrauen.
- Beim Dekorieren des Fensterbereiches ist es wichtig, den angeklebten Folienrand überlappend zu bekleben, d. h., manche größere „Papier-Steine" liegen auf der Folie und auf dem Karton. Das ist nicht nur ästhetisch, sondern verstärkt auch die Verbindung zwischen Folie und Karton, da manche Klebstellen nicht dauerhaft halten.

Weitergestalten

Es macht einen Unterschied, ob man für sich selbst plant oder für jemand anderen. Zeichne und schmücke ein Fenster, das zu einer dir bekannten Person passt, und begründe die Idee im kurzen Text.

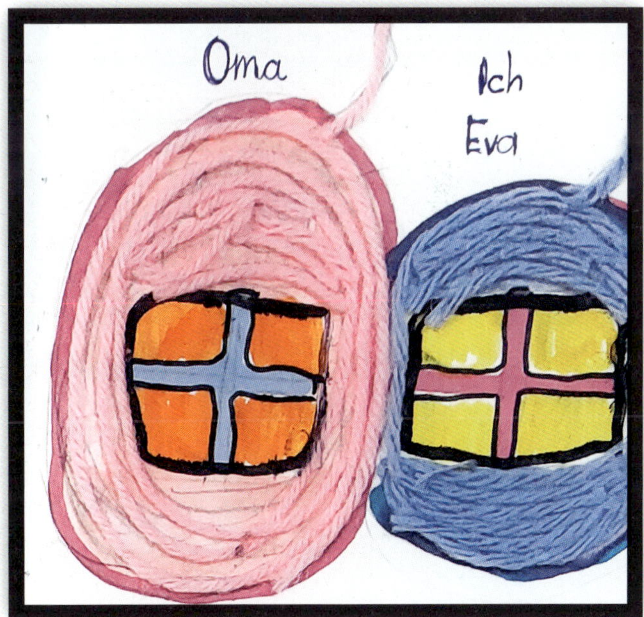

9. ZWIEBELTURM

Cut-out in Dunkelbunt

Was brauchen wir, um glücklich zu sein? Neben Gesundheit, Liebe oder Frieden erwähnen wir nicht selten auch den Reichtum. Aber was bedeutet es eigentlich, reich zu sein? Hundertwasser selbst lebte bescheiden – auch als er schon berühmt geworden war. Er besaß ein paar Häuser und ein Schiff. Aber für viele seine Aufträge nahm er kein Honorar, spendete seine Werke für einen guten Zweck, arbeitete oft beim Bau seiner Projekte mit und kochte sich einfache, natürliche Speisen. Für ihn war die Verbundenheit mit der Natur und der Kunst das große Glück.

Hundertwasser beschäftigte sich viel mit dem Wohnen und es machte ihn traurig, dass viele Menschen nicht die Möglichkeit haben, in einem schönen, menschenwürdigen Umfeld zu leben. Viele Bauten Hundertwassers krönen prächtige Zwiebel-Helme.

Was ist für dich schön und aufwertend? Finde es heraus und baue deinen eigenen bunten Turm. Sei ein*e König*in im Reich der Farben und Formen!

Zeitbedarf

2 Unterrichtsstunden

Kompetenzen

- ein Architekturelement (Zwiebelturm) aus einer Naturform ableiten
- Zwiebelstruktur im Längs- und Querschnitt untersuchen und kreativ anwenden
- ein Bauwerk aus unterschiedlich gestalteten Einzelelementen (Bausteinen) aufbauen
- diverse Eigenschaften der Malfarbe ausloten und zu einer Komposition verbinden (Malen, Stempeln, Schaben)
- eigene (einzigartige) Farbmischungen aus Grundtönen wagen
- Wirkung der Farbe Schwarz (Hintergrund) und den Begriff „Dunkelbunt" erproben
- Reichtum/Bereicherung auch als Farbtöne und Techniken-Vielfalt erfahren

Material

- Zeichenvorlage: Gebäude (S. 71)
- 2 Stück Malpapier (mind. 160 g/m²), weiß, zwischen DIN A4 und DIN A3
- Tonpapier, schwarz, DIN A3
- Zwiebelhälften (Längsschnitt und Querschnitt) – eine Zwiebelhälfte reicht für ca. 2-3 Kinder und kann mehrfach bestrichen/verwendet werden
- Tempera/Acrylfarben (Grundfarbtöne gelb, rot, blau + weiß, schwarz, gold)
- Pinsel, div. Größen
- Wasserbehälter
- Schabwerkzeug (z. B. Wattestäbchen, Streifen aus Getränkekarton, div. Breiten)
- Klebstoff
- Schere

9. ZWIEBELTURM

Cut-out in Dunkelbunt

Inspiration

- Fotos diverser **Hundertwasser-Gebäude mit Zwiebeltürmen,** z. B. Ronald McDonald Haus in Essen, Müllverbrennungsanlage in Wien/Spittelau, St. Barbara Kirche in Bärnbach/Steiermark, Therme Rogner in Bad Blumau/Steiermark, Hundertwasser-Turm/Architekturmodell 2000
- **Werke:** „Bucklige Kirche im Regen" (1962), „Irinaland über dem Balkan" (1969), „Gelbe Häuser – Mit der Liebe warten tut weh, wenn die Liebe woanders ist – Eifersucht" (1972), „10002 Nights Homo Humus Come Va How Do You Do" (1983), „Bärnbacher Andacht" (1987), „Kreative Architektur – Gleichnis der Schöpfung" (1991), „Resurrection of Architecture" (1995), „Tramonto in Pezzi" (1997/98)
- Foto-Beispiele der **Zwiebelturm Architektur** z. B. christlich-orthodoxe Bauten in Byzanz oder Indien

Arbeitsablauf

1. **Vorbereitung:** Sieh dir diverse Bauten Hundertwassers mit Zwiebeltürmen an und vergleiche sie mit anderen Architekturbeispielen aus verschiedenen Ländern. Schneide dann die Zwiebelkuppel von der Zeichenvorlage aus und lege sie auf ein Haus. Prüfe die Wirkung. Diskutiere, wie auch auf eine andere Weise ein Gebäude aufgewertet/„erhöht" werden könnte.
   Was bedeutet für dich „reich"?
   Soll der materielle Reichtum immer gezeigt werden?

2. **Stempelproben:** Bemale die Zwiebelhälfte mit Farbe und drucke sie auf dem weißen Malpapier ab. Probiere längs und quer geschnittene Zwiebelstempel aus. Vergleiche die Hautverläufe einer Zwiebel. Beobachte auf den Drucken die Farbreste aus nacheinander folgenden Farbaufträgen. Drucke mehrfach ab (der Abdruck wird zunehmend blasser).

3. **Turm:** Beginne deinen Turm am besten wie bei Bauklötzen von unten. Male zuerst einen großen „Stein" in beliebiger Farbe oder Farbmischung im unteren Papierbereich. Du kannst ihn so belassen oder z. B. eine Spiralform in der frischen Farbe ausschaben. Du kannst auch eine quer geschnittene Zwiebelhälfte darauflegen und die Farbe auffangen (und eventuell abdrucken). Lege weitere Farbflächen Schritt für Schritt dazu und behandle sie wie einzelne Bausteine in unterschiedlichen Techniken ausgeführt (Malen, Schaben, Kratzen, Stempeln). Für den oberen Abschluss drucke die Zwiebelkuppel mit dem längs geschnittenen Zwiebelstempel ab – es können auch mehrere Zwiebeltürme in einem Gebäude vorkommen. Eventuell verfeinere die Kuppeln mit goldener Farbe oder einem Lichtfleck in Weiß für mehr dreidimensionale Wirkung. Lasse deine Arbeit trocknen.
4. Schneide das Gebäudebild aus und achte dabei auf einen möglichst abgerundeten Umriss. Klebe den bunten Ausschnitt auf das schwarze Papierblatt.

Musikbegleitung

„If I were a rich man" aus „Fiddler on the Roof"
Louis Armstrong „What a wonderful World"
Coldplay „Viva la Vida"
Georg Friedrich Händel „Ankunft der Königin von Saba"
Claude Debussy „Arabesque No.1 & 2"

9. ZWIEBELTURM

Cut-out in Dunkelbunt

TIPPS

- Bunte Flocken aus gespitzten Wachskreiden oder Buntstiften über die noch frische Farbe gestreut, bereichern die Bildoberfläche.
- Dieses Projekt ist schon für die Kleinsten geeignet, allerdings wird beim Ausschneiden eventuell etwas Hilfe benötigt. Was das Farbenmischen betrifft, sollte man immer nur zwei Farben untereinander mischen und den Pinsel zwischendurch gut reinigen – sonst entsteht anstatt von leuchtenden Farben ein grau-bräunliches, selten erfreuliches Ergebnis.
- Friedensreich ... der Name ist Programm! Vielleicht können die Künstler*innen sich auch eine einzigartige Künstlersignatur mit der Endung „-reich" ausdenken und in der noch frischen Farbe auskratzen?

Weitergestalten

Die Zwiebel-Druck-Arbeitsproben kannst du auch weiterverwenden. Suche die besten Abdrucke aus und schneide sie aus. Klebe sie auf die Häuser deiner Zeichenvorlage.

Du kannst die Farbreste auch für andere Stempel z. B. aus Kartoffelhälften verwenden. Drucke am besten sowohl auf weißem als auch schwarzem Papier ab, um die „dunkelbunte" Wirkung und die Unterschiede zu erfahren. Einen einzigartigen Heft-Umschlag oder eine Grußkarte schaffst du im Handumdrehen.

Zeichenvorlagen

Eva 2022
MERSCHWEIN=
=CHENWAMPIR
EINE FLUCHT
IST KEINE REISE

10. EINE FLUCHT IST KEINE REISE

Friedensplakat

Hundertwasser setzte sich für Frieden und die Umwelt ein. Er entwarf Plakate, Briefmarken, unterstützte mit dem Verkauf seiner Kunstdrucke verschiedene Aktionen (z. B. gegen Atomenergie oder Aufrüstung, für Toleranz gegenüber Menschen unterschiedlicher Kulturen). Plakate waren für Hundertwasser eine ganz wesentliche Form des Ausdrucks: als Protest und Beweis, dass ihm die Welt und die Zeit, in der er lebte, nicht gleichgültig waren.

Verwende auch du deine Kunst für einen guten Zweck. In einer Welt, die von Unruhen geplagt ist, versuche auch du, dich z. B. für die vor dem Krieg Flüchtenden zu engagieren. In einer Gruppe von Gleichgesinnten bewirkst du bestimmt noch mehr.

Zeitbedarf

2 Unterrichtsstunden

Kompetenzen

- ein Plakat gestalten (Bild und Textinformation überzeugend verknüpfen, das Thema auffallend und leserlich vermitteln, das Interesse des*der Betrachtenden mit der Farbgebung und interessanten Details wecken)
- eine eingeschränkte Farbpalette ausloten
- Möglichkeiten und Einschränkungen der Acrylfarbe erproben (kurze Trocknungszeit, deckender und lasierender Farbauftrag)
- Bleistift/Linienzeichnung in die Komposition integrieren (sowohl Vorzeichnen als auch Detailausarbeitung)
- ideelle Inhalte mit dem Arbeitsablauf verbinden (z. B. Farbgebung, Maltempo)
- ein Projekt in Gruppenarbeit als Zeichen der Solidarität umsetzen

Material

- Malpapier (mind. 160 g/m²), weiß, DIN A4
- Bleistift
- Radiergummi
- Acrylfarben (Grundfarbtöne) + weiß, schwarz, evtl. gold
- Pinsel, div. Größen
- Wasserbehälter
- evtl. Maltusche, schwarz
- evtl. Fineliner, Filzstift, schwarz
- evtl. Gelstift, weiß
- Tonpapier, schwarz, zwischen DIN A3 und DIN A4
- Klebstoff
- Schere

10. EINE FLUCHT IST KEINE REISE

Friedensplakat

Inspiration

- **Werke:** „Donaukanal mit Überfuhr gegen Friedensbrücke“ (1945), „Friedensfahne für das gelobte Land“ (1978); „Die Denker“ (1982), „Künstler für den Frieden“ (1982), „Recht auf Schöpfung“ (1983), „Friedensvertrag mit der Natur“ (1983), „Europarat – Demokratie – Menschenrechte“ (1985), „36 Köpfe“ (1993), „Der Weg von Dir zu mir zurück“ (1993)
- ungewöhnlicher Blick/Vogel-Perspektive für den Kofferinhalt:
  „Tender Dinghi“ (1982), „Der Geher“ (1966), „Ich besitze bereits einige tschechische Kenntnisse“ (1966)

Arbeitsablauf

1. **Vorbereitung:** Sammle in der Klassengemeinschaft Informationen und Bildmaterial zu einem bestimmten Friedens-/Kriegsthema (bei uns war es der aktuelle Krieg in der Ukraine). Diskutiere darüber:
   Stelle dir vor, du musst dein ganzes Leben schnell in einen Koffer einpacken. Im Koffer ist also nur Platz für das Nötigste und ein paar schöne Erinnerungen.
   Was nimmst du mit?
   Sieh dir die Fotos des jeweiligen Landes noch zu Friedenszeiten an: die Landschaft, die Tierwelt, die Architektur, die Traditionen, die Fahne und ihre Bedeutung. Sieh dir diverse Plakate/Briefmarken Hundertwassers zum Thema „Frieden“ oder „Umweltschutz“ an. Betrachte den Text und die Bilder, die Komposition der beiden, ihre Proportionen in Bild, Formen und Farben. Betrachte die Werke sowohl aus der Nähe als auch aus der Entfernung.
   Welche Details/Muster bereichern die Idee?
2. **Planung:** Skizziere mit dem Bleistift auf dem weißen Malpapier (Hochformat) den Umriss eines Reisekoffers. Achte auf abgerundete Ecken, Haltegriff, eventuell Räder. Markiere den Bereich für den Plakattext. Skizziere (Blick von oben) ein paar für die Fahrt notwendige Gegenstände, ergänze den Zwischenraum mit landestypischen Merkmalen.

3. **Ausgestaltung:** Male die Skizze mit den Grundfarben (bei uns waren das vorwiegend Gelb und Blau als Nationalfarben der Ukraine) und ihren Mischungen aus. Beginne mit den größeren Flächen und einem großen Pinsel. Ergänze mit dem feinen Pinsel Details und interessante lineare Muster (Streifen, Karo, Spirale). Versuche, sowohl den verdünnten als auch den deckenden Farbauftrag. Nach dem Trocknen ist die Acrylfarbe wasserfest und kann übermalt werden.
4. Umrisse und lineare Muster der Objekte kannst du nach dem Trocknen der Farbe kräftiger mit dem Bleistift nachziehen oder mit dem Fineliner bzw. Tusche nachmalen. Male den Kofferumriss mit der schwarzen Farbe oder Tusche entlang der Skizzenlinie. Male das Textfeld schwarz aus. Schreibe auf den getrockneten Untergrund den passenden Text mit weißem Gelstift oder male mit weißer Farbe und feinem Pinsel.
5. **Präsentation:** Nach dem Trocknen schneide den Koffer mit ein paar Millimeter Abstand zum Umriss aus. Klebe das Werk auf ein schwarzes, übergroßes Papierblatt.

Musikbegleitung

John Lennon „Imagine“
Nicole „Ein bisschen Frieden“
Arvo Pärt „Da pacem domine“
Ludwig van Beethoven „Ode an die Freude“/4.Satz der 9. Symphonie

10. EINE FLUCHT IST KEINE REISE

Friedensplakat

TIPPS

- Schwarze Farbe trübt die Farbtöne, das Malwasser und den Pinsel. Daher ist es empfehlenswert, die schwarzen Umrisse/Bereiche erst zum Schluss auszuführen.
- Rasches Skizzentempo beim „Kofferpacken" ahmt die Stresssituation nach, schränkt die Vielfalt der Möglichkeiten auf das Wesentliche ein. Eine bestimmte Zeitangabe zum Ausführen der Skizze (z. B. 10 Minuten) hilft ein wenig, sich in die Situation der Flüchtenden einzufühlen ...

Weitergestalten für eine Spendenaktion

Präsentiere mit den anderen Kindern alle Werke eng zusammen auf einer Wand oder am Boden und fotografiere sie. Füge im Bildbearbeitungsprogramm einen gemeinsamen, großen Text ein (oder auf einem Papierblatt bereits zwischen die zu fotografierenden Arbeiten). Drucke das Werk-Gruppenfoto mehrmals aus. Verteile die Kopien an alle Projektteilnehmer*innen. Jede*r von euch kann dann versuchen, das Plakat gegen eine Spende im eigenen Familien- und Freundeskreis zu verteilen. Vielleicht gelingt es euch gemeinsam, damit ein Hilfsprojekt zu unterstützen.

AFRIKA

AFRICA

AFRIKA

11. SCHÖN IST DIE WELT

Bunte Post in Aquarell & Co.

Dass Hundertwasser Maler geworden ist, verdanken wir den Briefmarken. Diese kleinen Kunstwerke sammelte Hundertwasser schon als Kind. Sie waren für ihn wie ein Fenster zur Welt. Seine Mutter erzählte ihm viele Geschichten über ferne Länder und weckte seine Sehnsucht nach Reisen. Als Erwachsener besuchte Hundertwasser viele Orte auf der ganzen Welt, hielt seine Eindrücke auf Papier fest und schickte manchmal selbst gemalte Postkarten. Er widmete sich auch oft dem Briefmarkenentwurf. Seine erste Briefmarke, den „Spiralbaum", entwickelte er aus fünf Aquarellbildern.

Schicke auch du deine einzigartige Postkarte aus einem Ort auf der Welt, an dem du schon warst oder einmal sein möchtest.

Zeitbedarf

2 Unterrichtsstunden

Kompetenzen

- ortstypische Merkmale eines Reiseziels erkennbar darstellen und als Ansichtskarte konzipieren
- Aquarelltechniken (Trocken-in-Nass, Nass-in-Nass) in Kombination mit Bleistift anwenden
- wichtige Inhalte als Bild und Text darstellen und als Reise-Mitteilung an eine bekannte/verwandte Person richten
- Briefmarke gestalten (kleinformatig, ortstypisch, leserlich, erkennbar)
- Bleistift sowohl in der Skizzenstufe als auch zum Ausarbeiten der gemalten Flächen einsetzen

Material

- Zeichenvorlagen: Landschaftseindrücke der Kontinente Afrika, Australien und Antarktika (S. 85-87) und Postkarte (S. 84, oder echte Karten mitbringen)
- festeres Malpapier (mind. 160 g/m²), DIN A5 oder DIN A6, weiß
- Malerkrepp
- Bleistift
- Radiergummi
- Aquarellfarben oder andere Wasserfarben
- weiche Pinsel, div. Größen
- Wasserbehälter
- Wassersprühflasche
- Fineliner, schwarz
- Filzstift mit breiter Spitze, schwarz
- evtl. brauner Kraftkarton
- evtl. Filzstifte bzw. Gelstifte
- evtl. Schwarztee-Extrakt
- evt. Erde, Eigelb und Wasser
- evtl. Frischhaltefolie
- evtl. Schere
- evtl. Klebstoff

Für „Post"-Stempel:

- Moosgummi-Reste
- Schere
- Klebstoff
- Pappreste oder ausrangierte Spiel-Klötzchen
- Acrylfarbe, schwarz
- Pinsel oder Druckwalze
- evtl. kleiner Taschenspiegel (Vorübung zum spiegelverkehrten Druck)

11. SCHÖN IST DIE WELT

Bunte Post in Aquarell & Co.

Inspiration

- **Fotos des Künstlers auf seinen Reisen** z. B. in Japan, Neuseeland, Italien
- **Werke: Postkarten:** „Duomo von Siena ganz rot" (1949), „Exotischer Sonnenblumenwald nach Kampmann" (1949), „Sonnenblumen" (1949), „Kopf auf Postkarte" (1956), „Spirale auf Postkarte" (1956); **Briefmarken** (z. B. für Senegal, Kuba), **Fahnen, Landschaften/Ansichten:** „Blick auf die Gloriette" (1944), „Häuser und Hafen von Portofino" (1949), „Strandbild Dunkelblauwasser und Sonnenschirme" (1949), „Lago di Garda" (1949)

Arbeitsablauf

1. **Vorbereitung:** Betrachte die Abbildungen des jeweiligen Kontinents, den du dir ausgesucht hast. Informiere dich über die Besonderheiten des ausgewählten Ortes (z. B. in Büchern oder mit einer Kindersuchmaschine im Internet) und suche für dich besonders auffallende/einzigartige Merkmale aus. Sieh dir dann die Abbildungen der Postkarte genau an:
   Was ist auf der Vorderseite zu sehen?
   Wie ist die Rückseite einer Postkarte aufgebaut?
   Was brauchst du alles, um deine eigene Postkarte zu gestalten?
2. Befestige alle Ränder des Malpapiers mit dem Malerkrepp auf der Arbeitsplatte. Achte darauf, dass das Malerkrepp möglichst auf allen Seiten gleich, ca. 5–10 mm breit das Papier überlappt.
3. **Vorderseite:** Skizziere mit dem Bleistift das ortstypische Motiv, überlege dir eine passende Schrift für den Ortsnamen und schreibe diesen ebenfalls mit dem Bleistift auf. Versuche, dabei nicht zu kräftig zu zeichnen, dann kannst du die Skizze leichter korrigieren. Wenn du mit dem Entwurf zufrieden bist, kannst du die Vorzeichnung ausmalen (z. B. Nass-in-Trocken für scharfkantige Objekte, Nass-in Nass für den verschwommenen Hintergrund). Lasse das Bild gut trocknen. Ergänze die ausgemalten Bereiche mit dem Bleistift um Details (z. B. Gräser, Äste,

Felsenstruktur). Schreibe mit einem Bleistift oder einem Fineliner deutlich den Ortsnamen auf. Entferne vorsichtig das Malerkrepp. Du kannst den so entstandenen, weißen Rand belassen oder schwarz mit Filzstift übermalen – ähnlich wie bei Hundertwasser.

TIPP

Fineliner, aber vor allem Gelstifte heben Details besonders gut hervor. Probiere ggf. noch neue Postkarten-Motive auf anderen Papiersorten/Farben aus (z. B. Kraftkarton wirkt sehr natürlich und ist meist umweltfreundlich hergestellt).

4. **Rückseite:** Lege das Blatt im Querformat vor dich hin und zeichne freihändig (Hundertwasser mochte keine Lineale!) eine Trennlinie in der Mitte des Blattes. Lasse dabei etwas Abstand zum oberen und unteren Rand (ca. 1 cm). Zeichne in die obere, rechte Ecke ein Rechteck für die Briefmarke. Du kannst das Feld leer belassen oder gleich gestalten. Beginne mit den Zacken um das Rechteck herum: Zeichne mit ca. 1 mm Abstand zueinander den Buchstaben „U" (U U U) und verbinde anschließend die beiden Schenkel mit kurzen Strichen. Zeichne im Innenfeld ein Merkmal des auf der Vorderseite dargestellten Ortes, ergänze den Briefmarken-Wert und Landesnamen. Male die Marke aus, belasse dabei die Zacken unbemalt. Unterhalb der Marke, in der rechten Papierhälfte, platziere drei oder vier waagrechte Adresslinien.
5. **Schreiben:** Schreibe die Adresse der bekannten/verwandten Person unterhalb der Briefmarke auf. Berichte auf der linken Seite über dein Reiseziel. Achte auf die Textform einer Postkarte. Sobald dein Text fertig ist, bekommst du einen Stempel. Oder du fertigst selbst einen an und stempelst deine Postkarte damit ab.
6. **Stempel:** Zeichne auf dem Moosgummistück einen Kreis mit ca. 3 cm Durchmesser und ritze mit dem Bleistift kräftig ein Symbol oder einen Buchstaben (z. B. den ersten Buchstaben deines Namens) in das Kreisinnere. Schneide den Kreis entlang der äußeren Kontur aus und klebe den Ausschnitt auf ein Pappstück. Benetze den Stempel mit der schwarzen Farbe (oder Tusche) und stemple die Postkarte oben rechts ab.

Achtung: Der Abdruck ist immer spiegelverkehrt zum Druckstock. Schreibe und male deine Buchstaben und Symbole also gespiegelt, damit sie in deinem Stempel richtig abgedruckt werden. Ein kleiner Taschenspiegel kann dir dabei helfen, Buchstaben mit Spiegelachse (z. B. A und M) und ohne Spiegelachse (z. B. K und R) zu finden.

Musikbegleitung

deutsches Volkslied „Schön ist die Welt", Interpretation von Nils Kacirek
Robert Schumann „Von fremden Ländern und Menschen"
traditionelle Musik passend zum ausgewählten Reiseziel

TIPPS

- Dieses Projekt kann mit dem Sach- und/oder Deutschunterricht verknüpft werden (als Referat oder ein Reisebericht mit Foto-Präsentation).
- Um einer Szene mehr Raumgefühl zu geben, wähle für die vorderen Bereiche helle, warme Farbtöne aus und gestalte sie detailreicher als den Hintergrund, der etwas verschwommen und in kühlerer Farbpalette ausgeführt sein kann. Das entspricht den Hauptregeln der Luftperspektive und wurde bereits in der Renaissance entdeckt (sieh dir z. B. Leonardo da Vincis „Mona Lisa" an).
- Um eine alte/vergilbte Postkarte nachzuahmen, kannst du die Rückseite mit Schwarztee-Extrakt übermalen.
- Kartoffel-„Post"-Stempel sind eine Alternative zu den Moosgummi-Stempeln. Für eine Gruppe kann auch ein gemeinsamer Stempel angefertigt werden.
- Briefmarken können auch aus rechteckigen Radiergummis im Linolschnitt-Verfahren gestaltet sein.
- Erde (gesiebt) im gleichen Verhältnis mit Eigelb und Wasser gemischt, ergibt eine Erde-Ei-Tempera, die erdige und natürlich wirkende Landschaftsflächen sehr gut nachahmt (hier: Afrika).
- Frischhaltefolie erzielt interessante Felsen-Strukturen (hier: antarktische Eisberge). Dazu die Folie locker (mit Zwischenräumen) auf die noch nasse Aquarelluntermalung legen und für ca. 15 Min. einwirken lassen.

Weitergestalten

Die selbst gebastelten Karten mit den aufgeklebten Briefmarken können zu einem Bogen gruppiert, fotografiert, farbig fotokopiert und an die teilnehmenden Kinder verteilt werden. Die selbst gebastelten Karten finden z. B. zum Valentinstag, zum Schulabschluss oder zu Weihnachten eine gute Verwendung.

Zeichenvorlagen *„Postkarte"*

....

....

....

....

Zeichenvorlagen „*Afrika*“

Zeichenvorlagen „*Antarktis*“

Zeichenvorlagen „Australien“

ADELA

12. WIR SITZEN IN EINEM BOOT

Ein Traum in Aquarell und Tusche

Boote und Schiffe waren bereits Kindheitsträume Hundertwassers. Er wuchs in Wien in der Nähe des Donaukanals auf, der für ihn sein erstes Meer war. Es gibt viele Zeichnungen und Aquarelle aus seiner Jugendzeit, auf denen die Landschaft und der rege Betrieb am Wasser abgebildet ist. Als Erwachsener erwarb Hundertwasser ein eigenes Schiff (das als sein erstes Architekturprojekt gilt), das er genau nach seinen Vorstellungen umbaute. Zehn Jahre lang war das Schiff „Regentag" sein Zuhause und Atelier. Er fuhr über das Mittelmeer und durch die Karibik bis in seine Wahlheimat Neuseeland.

Hundertwasser entdeckte viele Länder für sich, die ihn zu seinen neuen Werken und Ideen inspirierten und seine Weltanschauung erweiterten. Reise auch du auf deinem Schiff in die weite Welt! Denn auf Reisen entdeckst du viel Neues, das dich inspirieren kann, aber auch Verbindendes für alle Menschen und für die ganze Natur.

Zeitbedarf

1 Unterrichtsstunde

Kompetenzen

- eine Boot-Traumreise stimmungsvoll gestalten
- Eigenschaften der unterschiedlichen Wasserfarben ausloten (Aquarellfarben, wasserfeste Tusche) und kombinieren
- Grundtechniken der Aquarellmalerei kennenlernen (Trocken-in-Nass, Nass-in-Nass) und erweitern (Trockentupfen, mit buntem Kreidestaub bestreuen)
- eine Komposition aus Linie (Bootdarstellung) und Fläche (Wasserlandschaft) gestalten
- die Spiegelung eines Objektes im Wasser überzeugend darstellen
- Spontanität und Freiheit durch ungewöhnliche Pinselhaltung und rasche Arbeitsweise wiedergeben

Material

- Zeichenvorlagen: Boote (S. 94) und Wasserlandschaften (S. 95)
- Aquarellpapier, DIN A3
- wasserfeste Maltusche
- Aquarellfarben
- Wasserbehälter
- weiche Pinsel, div. Größen
- Wassersprühflasche
- Toilettenpapier
- Käsereibe (fein)
- Softpastellkreiden oder bunte Tafelkreiden
- evtl. Haarspray

12. WIR SITZEN IN EINEM BOOT

Ein Traum in Aquarell und Tusche

Inspiration

- **Fotos von Hundertwasser mit seinem Schiff** „Regentag"
- **Werke:** „Tender Dinghi" (1982), „Daslandkanal" (1969), „Regentag auf Liebe Wellen" (1970), Serie der Singenden Dampfer z. B. „Les Transatlantiques 1" (1950), „Der Singende Dampfer in Ultramarin III" (1959), „Häuser und Boote, die sich im Wasser spiegeln" (1949), „Donaukanal mit Überfuhr" (1945), „Rossauerkaserne und Stephansturm" (1944), „Häuser und Hafen von Portofino" (1949), „Paquebot – Das Postschiff kommt" (1960)

Arbeitsablauf

1. **Vorbereitung:** Sieh dir die Abbildungen unterschiedlicher Boote und Wasserlandschaften an. Diskutiere über ein ausgewähltes Umweltproblem und die Auswirkungen in unterschiedlichen Teilen der Erde, z. B. Klimaerwärmung → Arktis → Länder unter dem Meeresspiegel.
2. **Boot:** Male rasch ein Boot mit der wasserfesten Maltusche auf dem Aquarellpapier. Gibt deinem Boot einen Namen (z. B. dein Name). Arbeite spontan ohne Bleistift-Vorzeichnung und halte den Pinsel am Ende des Pinselstiels. Solange die Tusche glänzt, kann sie mit Wasser oder Wasserfarben vermalt werden – probiere es z. B. im unterem Bootsbereich als Wasserspiegelung. Wenn die Wassertusche trocken ist, kann sie übermalt werden, ohne dass die Konturen verlaufen.
3. **Landschaft:** Male um das Boot herum die Landschaft. Die Himmel-Wasser-Farbbereiche können sich dabei deutlich unterscheiden oder gemeinsame Farbflächen aufweisen (klare oder verschwommene Horizontlinie). Du kannst direkt auf dem trockenen Papier malen oder es vorher mit Wasser aus der Sprühflasche benetzen. Auf die noch nassen, bunten Bereiche kannst du erneut Wasserfarbe oder sauberes Wasser auftragen (Sprühen oder Pinselauftrag) und die spontanen Farbverläufe beobachten. Mit zerknülltem Toilettenpapier kannst du überschüssige Farbe

entfernen oder strukturgebend nutzen, da besonders bei dunkleren Farben der Papierabdruck interessante Spuren hinterlässt. Farbflächen mit scharfen Grenzen erzielst du auf trockenem Untergrund.

4. **Bunter Dunst:** Reibe die bunten Pastellkreiden über den noch feuchten (oder erneut mit Wasser besprühten) Untergrund. Je nach Feuchtigkeitsgrad verschwimmen die kleinen Kreidestaub-Partikel oder bleiben als kleine Punkte erkennbar. Diese zusätzliche Farbschicht verleiht dem Bild einen vibrierenden Effekt und bereichert das Farbspektrum (unser Auge verbindet die Farb-Punkte ähnlich wie bei den Pointillisten zu einem neuen Farbton). Sollte der Staub auf den trockenen Untergrund treffen, muss diese Schicht mit Haarspray (ca. 20 cm Entfernung zur Papieroberfläche und beim offenen Fenster) fixiert werden.

Musikbegleitung

Volks- und Seefahrtslied „Eine Seefahrt, die ist lustig"
Rod Stewart „I`m sailing"
Claude Debussy „La mer"
Shantys/Seemanslieder z. B.
Santiano & Nathan Evans „Wellerman"

TIPPS

- Die hier vorgestellte, ungewöhnliche Pinselhaltung lässt die Hand locker über das Papier schwingen. Rasches Tempo führt zu entspannten (skizzenhaften), auf das Wesentliche reduzierten Ergebnissen.
- Das Boot kann sowohl unbemalt als auch bunt dargestellt sein.
- Da Maltuschen wesentlich farbintensiver sind, ist es spannend, sie auch beim Gestalten der Landschaft einzubinden, insbesondere Nass-in-Nass.
- Die Aquarellfarbe kann durch mehrere Farbaufträge intensiviert werden.
- Beim Aquarellmalen ist es wichtig, nicht zu oft den Pinsel über das feuchte Papier zu führen, um die besonders saugfähige Papieroberfläche nicht zu verletzen.

Variation „Bootmotiv in Abklatschtechnik“

Das Papierblatt zur Hälfte falten und so aufklappen, dass die Falte waagrecht liegt. In der oberen Papierhälfte das Boot mit flüssigen Temperafarben so malen, dass die Unterkante des Bootes die Falte berührt. Zuklappen, mit der geschlossenen Hand einreiben, aufklappen und die weitere Bootsumgebung rasch und in kleinen Arbeitsschritten (solange die Farbe feucht ist) ergänzen. Mit Borstenpinseln in diversen Größen und mit unterschiedlichen Farbaufträgen (dünn- oder dickflüssig) werden überraschende Effekte erzielt.
Auch diese Komposition kann mit Soft-Pastellkreiden verfeinert werden.

THE

Mojo

ILSE

12. WIR SITZEN IN EINEM BOOT

Ein Traum in Aquarell und Tusche

Zeichenvorlagen „*Boote*“

Zeichenvorlagen *„Wasserlandschaften“*

… UND ZUM SCHLUSS

Friedensreich Hundertwasser starb im Jahr 2000 auf der Rückreise von Neuseeland nach Europa auf dem Schiff „Queen Elizabeth 2".

Auf seinem Grab im „Garten der Glücklichen Toten" in Neuseeland wächst ein Baum.

Seine Lebensspirale und Botschaft leben weiter …